Ralf Kestel

Der Mann mit Herz und schwarzem Hut

Aus dem Leben des fränkischen Unternehmers Georg Pfister

Der Mann mit Herz und schwarzem Hut

Aus dem Leben des fränkischen Unternehmers Georg Pfister

Zusammengetragen
und aufgeschrieben von
Ralf Kestel

VERLAG PH.C.W. SCHMIDT
2023

Herausgeber:
Georg Pfister, 96149 Breitengüßbach und
Ralf Kestel, 96103 Hallstadt

VERLAG PH. C. W. SCHMIDT
Neustadt an der Aisch

Satz- und Umschlaggestaltung:
Ute Wanninger

ISBN: 978-3-87707-236-3

Gesamtherstellung:

VDS – VERLAGSDRUCKEREI SCHMIDT
91413 Neustadt an der Aisch

INHALT

Inhalt

Zwei der Fenster mit Marien-Motiven, die die Kapelle auf dem Betriebsgelände der Pfister Tiefbau GmbH schmücken.

Sonnenuntergang über dem
Betriebshof von Tiefbau Pfister

Die Geschichte eines bemerkenswerten Mannes, Familienvaters, bekennenden Christen, erfolgreichen und sozial eingestellten Unternehmers alter fränkischer Prägung, die zugleich einige Kapitel Heimatgeschichte aufzeigt sowie tiefe Einblicke in das Machtgefüge und Machtgerangel der CSU auf lokaler Ebene offenbart. Das Lebenswerk eines Visionärs, der das CSU-Herz auf der Zunge trägt und das Herz am rechten Fleck, durchzogen von einer mitmenschlichen Ader, wovon auch seine Mitarbeiter, Vereine und sein Umfeld immer wieder profitier(t)en.

Dazu ein Ausflug in die fränkische Mundart mit Bamberger Zungenschlag sowie in eine Mischung aus Bauernmuseum und Oldtimer-Ausstellung.

Ihn kennt fast jeder und er kennt Gott und die (fränkische) Welt.

EINLEITUNG

VON DR. REINHARD SCHIKOWSKI

Georg Pfister stammt aus einem kleinen Bauernhof in Windischletten. Ein kleines Dorf im nördlichen Auslauf des Fränkischen Jura. Sein Lebensbild bringt Kenntnis von einem Mann, der sich aus den üblichen Personengemenge durch besondere Eigenschaften heraushebt: beharrlicher, andauernder Fleiss, nie versagendes Vorwärtsdenken, sozial gesinnt, immer darauf achtend, ehrlich und sachgerecht zu bleiben, angeborenes bautechnisches Verständnis.

In Urlaub war es nie. Braucht nur wenige Stunden Schlaf, brütet stundenlang über seinen Angeboten für die Ausschreibung behördlicher und privater Bauvorhaben, meistens sogar bis spät in die Nacht hinein. Der Erfolg ließ nicht lange auf sich warten. Im Laufe der Zeit schaffte er ein beachtliches Vermögen von mehreren Millionen Euro. Sein mittelständiger Tiefbaubetrieb zählt inzwischen zu den führenden in Oberfranken und das, wie er stolz sagt: „Den hob ich aufgebaut, kaa Bank gebraucht und nichts belastet“.

In den Jahren 1985, 1986 litt er an Lungenkrebs. Zwei Wochen lag er im Bamberger Krankenhaus, vier Wochen im Krankenhaus Würzburg. Die Ärzte gaben ihm nur noch wenige Monate.

Zu Grabe trägt manch einer die Hoffnung auf Heilung, wenn er das hört, und gibt auf. Nicht aber ein Georg Pfister. Trotz dieser ärztlichen

Einleitung

Unkenrufe von damals erfreut er sich heute noch mit 87 Jahren bester Gesundheit.

In der Klinik trank er oft und viel Coca Cola, danach ein Jahr lang. „Das ist die Medizin, mit der ich den Krebs besiegte“ verkündet er später bei seinem 40-jährigen Betriebsfest vor Hunderten geladener Gäste.

Hierzulande kennt ihn ein jeder. Den Mann mit dem schwarzen Hut. Den von der CSU. Den Pfister Schorsch. Geschätzt und beneidet. Sponsor vieler Fußballvereine. Immer gesprächsbereit, nie verlegen. Vor allem nicht bei seinem Lieblingsthema, der Politik. Da nimmer er kein Blatt vor den Mund, vertritt vielmehr mit Elan seine eigenen Theorien ohne groß daran zu denken, ob das dem Parteigeist seiner CSU gerade gefallen kann oder nicht. Macht nichts: Der ist ja einer von uns.

Vor allem als Autodiktat im Wirtschaftsleben verdient er hohe Anerkennung. Als erfahrener und praxiskundiger Tiefbauer zeigt er sich manch Studierten überlegen.

Im Hintergrund stehen seine politischen Aktivitäten, die ihn als einen von der CSU allgemein bekannter gemacht haben als seine Stärke als Unternehmer. Er ist eine schillernde Figur der fränksichen CSU. Seit über 70 Jahren schon ist er Mitglied dieser, seiner Partei. Bei Gemeinde- und Kreistagswahlen erzielt er hohe Ergebnisse. Ein Mann deutlicher Worte. Aneckend bei politischen Gegnern oder Wettbewerbern. In Erstaunen versetzt er viele, als er noch mit 60 Jahren seinen Pilotenschein für Hubschrauber machte, und über das Bamberger Land hinwegdüste.

Charakterfest und überzeugt verkündet er seine Ansichten, vor allem die politischen. Oft hat er sein Ohr nahe am unflexiblen Bürger, wenn er glaubt, verirrte Seelen bekehren oder belehren zu müssten, freilich immer nach seinem Dogma. Keinen Konflikt scheut er, wenn er politische oder gesellschaftliche Entwicklungen in eine falsche Richtung abdriften sieht. Dagegen wettert er öffentlich und lautstark.

Was er sagt, kommt nicht vom Blatt, sondern aus dem Bauch heraus. Dennoch verständlich, für vielen überzeugend. Dabei schont er weder politische Gegner noch Parteifreunde. Oft legt er sich mit Kollegen gleicher Couleur an, oder er hadert mit der Justiz, oder er hadert mit der Bürokratie. Und wenn er einmal aneckt, dann stets so, dass es ein jeder mitbekommt: verständlich, publikumsnah, machmal angriffslustig, aber nicht verletzend.

In vielen Bauern- und Landfrauentagen, ebenso auf Parteitagen, kommt er in Schwung. Populistisch-medienwirksam redet er, immer frei weg. Sein weit ausholender Höhenflug vermittelt dem Zuhörer die Bodenhaftung und Kumpfelhaftigkeit des Redners. Laut und öffentlich denkt er über das Verhalten von gewählten Volksvertretern nach. Solche, die gegen ihren Amtseid verstoßen, weil sie nichts oder zu wenig oder das Falsche für das Wohl des Volkes tun. „Die müsste man verklagen."

Beim Schopfe packt Pfister die Gelegenheit, wenn er ein politisches Fettnäpfchen erspäht, das Schlagzeilen verspricht. Kräftig tappt er da hinein. Von seiner Überzeugung trennt er sich da keineswegs. Warum denn auch: Tiefbauer bleiben immer auf der Erde Grund.

Oft holt er zum Rund-um-Schlag aus, in der festen Absicht, den Zuhörern seine eigene Sicht der Dinge klar zu machen. Und das, in der ihm eigenen Rhetorik: nicht gerade hochdeutsch oder urfränkisch, eher in Eigengewächs, die Grammatikregeln oft außer Acht lassend.

Dennoch: Wer ihn nur belächelt oder das, was er sagt, politisch für übertrieben oder gar für phantastisch hält, wird der Sache nicht vollends gerecht. Manch einer will nicht verstehen oder weiß eben nicht, dass hier einer redet, der als Autodiktat mit qualifiziertem Sachverstand ein großes Unternehmen aufgebaut hat, und der seine politischen Meinungen vielmehr aus Überzeugung und Leidenschaft kundtut, gerade so, wie es ihm gefällt.

Mit seinen 87 Jahren kann Georg Pfister auf ein ereignisreiches Leben zurückblicken. Auf seinen obersten Richter hat er dabei immer vertraut: auf seinen Herrgott. Als äußeres Zeichen seiner innewohnenden Dankbarkeit baute er die Marienkapelle auf seinem Firmengelände westliche von Hohengüßbach. Ausgeschmückt von einer Künstlerin. Vor seinem Haus steht eine Marienstatue, davor das lebensgroße Standbild des „Heiligen Georg mit Pferd". Getreu seinem Grundsatz: „Nicht nur vor Gericht und auf hoher See bist du immer in Gottes Hand".

Eingeweiht mit illustren Gästen und der geistlichen Ansprache seine befreundeten Monsignore Dr. Dr. Rüdiger Feulner.

ÜBERBLICK

VON RALF KESTEL

Er hatte schon ein besonderes Markenzeichen, da suchten Generationen von BWL-Professoren und -Studenten noch nach einem gängigen Begriff dafür: Der Mann mit dem Schwarzen Hut, der Pfister. Eine ganz besondere Marke, neudeutsch: Branding. Eine der schillerndsten Figuren, die die fränkische CSU je hervorgebracht hat. Seit über 70 Jahren gehört Georg Pfister dieser, seiner Partei schon an. Bei Kreistags- und Gemeinderatswahlen zeugten seine Ergebnisse vom Beliebtheits- und auf jeden Fall vom Bekanntheitsgrad des Tiefbauunternehmers aus Hohengüßbach, der die Fahrzeuge seiner Firma auch außerhalb der Wahlkampfzeiten mit seinem Konterfei schmückt und kreuz und quer durchs Frankenland kurven lässt. Ein Mann, der polarisiert – mit deutlichen Worten viel Zustimmung erfährt, aber auch aneckt – bei Staatsanwälten, bei politischen Gegnern wie auch bei (Partei-)Freunden, bei Kollegen bzw. Wettbewerbern.

Der Prototyp des fränkischen Politikers alter Prägung, zänkisch, schlitzohrig, (bauern-)schlau, spitzbübisch, ehrlich, zuverlässig. Eine Losung seiner Partei setzt Georg Pfister, der „Schorsch" wie ihn viele nennen, um wie kein Zweiter: Die Lufthoheit über den Stammtischen hatte er lange vor dem Erwerb des Pilotenscheins (im Alter von 60 Jahren) errungen. Zur Lufthoheit gehört auch die Luftüberwachung: Er hat das Ohr ganz nah am Bürger, schaut dem aufs Maul und reißt das eigene genauso auf. Er weiß, was den Volksmund und die Volksseele – und damit Mehrheiten – umtreibt.

Nein, er nimmt kein Blatt vor den Mund, wenn ihm etwas nicht passt oder er Dinge in eine falsche Richtung abdriften sieht. Bei Warnungen gegen Fehlentwicklungen scheut er keinen Konflikt, wobei die Zunge mitunter schon schneller ist als der vorgefasste, abgewogene Gedanke, denn Redemanuskripte braucht er keine. Seine Ausführungen kommen nicht vom Blatt, sondern aus dem Bauch, aber auch aus Überzeugung.

Dabei schont er weder politische Gegenspieler noch Partei*freunde*. Oft grantelt er mit eigenen Partei-Granden oder hadert mit Justiz, Obrigkeit und Bürokratie.

Und wenn ein Pfister aneckt, dann stets so, dass es jeder mitbekommt. Publikumswirksamkeit gehört zum Kalkül. Deswegen kennt ihn jeder, den Mann mit dem schwarzen Hut.

Der gute „Onkel“

Den „Onkel“, der mit seinen 87 Jahren noch immer jede Baustelle seiner Firma fast täglich besucht und dabei den Kofferraum voller Süßigkeiten hat, um die Kinder in den Dörfern, wo allein schon seine Bagger für Aufmerksamkeit sorgen, zu beglücken. Der nette Mann mit dem BMW, mitunter auch Rolls Royce, und dem schwarzen Hut, ist auch bei vielen längst erwachsen gewordenen Kindern als „Herr Duplo“ in Erinnerung geblieben – bis in so manche Wahlkabine.

Mit Bart anno 1969.

Was ist das für Mann, der in Franken-Krimis auftaucht, für Millionen Klicks auf Internetkanälen sorgt und auf jedem Sportplatz in Bamberg Stadt und Land freundlich, mitunter demütig begrüßt wird? Der sich als gottesfürchtiger Christ bezeichnet und keinen Konflikt scheut, wenn er Ungerechtigkeiten oder Unzulänglichkeiten ausgemacht hat. Der als Erpresser einer großen Lebensmittel-Kette verdächtigt und vernommen worden ist. Mehrmals stand er vor Gericht. Damals fühlte er sich als Opfer der Justiz.

Hier ist die Lebensgeschichte von Georg Pfister, vom Geo, vom Schorsch oder vom „Siemer“, wie sein Hausname lautet. Eine Annäherung nach etlichen, stundenlangen Gesprächsrunden und dem

Georg Pfister mit dem einstigen CSU-Vorsitzenden und Ministerpräsidenten Dr. Edmund Stoiber (1993–2007 rechts) sowie dem Bezirkstagspräsidenten Edgar Sitzmann und der langjährigen Landtagspräsidentin Barbara Stamm.

Studium seiner gesammelten (Sitzungs-)- Unterlagen. Darunter viele Belege von Versammlungen und Vorträgen, die Pfister im Verlauf der Jahrzehnte besuchte, wobei die Essens- und Getränke-Bons zum Teil noch heute an den Einladungen hängen. Er ist kein Freibier-Gsicht, hat nie geraucht und Alkohol stets gemieden.

Der Autodidakt mit 3¾ Jahren Ausbildung in der Volksschule hat stets genau hingehört, wie sein Werdegang, sein Wissen in etlichen Berufssparten (Landwirt, Bauarbeiter, Schnapsbrenner, Imker, Hausmetzger, Schmied, Melker, Schweißer, Tüftler) und seine Erzählungen deutlich machen. Besonders, wenn es um seine Partei und seine Firma geht. Ein Tausendsassa, ein Multi-Talent.

Mit Max Streibl (Ministerpräsident von 1988–1993).

Und ein Sammler. Er hebt viel auf, zumindest alles, worin er auftaucht. Sorgsam abgeheftet in Leitzordnern die Kopien von Zeitungsartikeln, Sitzungsunterlagen, Korrespondenz. Dabei hat er nie einen Ausschneide-Dienst beschäftigt. Der Chef nimmt das/jedes Blatt selbst in die Hand, aber nicht vor den Mund.

Was auch für die vielen Bauern- und Landfrauentage gilt, wo Pfister seine populistisch-medienwirksamen Auftritte der Parteitage noch toppt und weitausholend zu Höhenflügen ansetzt, die den Zuhörern die Bodenhaftung und Kumpelhaftigkeit des Redners vermitteln. So sein lautes und öffentliches Nachdenken über eine Klage gegen (alle?) Volksvertreter, weil die gegen ihren Amtseid verstießen, zum Wohle des Volkes tätig zu sein. Oder die Loslösung Bayerns vom Bund.

Mehr als ein Sprüchbeutel

Pfister packt die Gelegenheit beim Schopfe, wenn er ein schlagzeilen-trächtiges Fettnäpfchen erspäht. Ob dies immer Kalkül, oder doch mehr Bauchgefühl oder gar Unbedachtheit war? Tiefbauer und Grabenkämpfer sind auf jeden Fall geistesverwandt. Viele Manuskriptseiten hatte er sich für seine Auftritte jedenfalls nicht zusammengeschrieben, wenn er auftrat und zum Rund-um-Schlag ausholte und der aufgestauten Unzufriedenheit breiter Bevölkerungsschichten in urfränkisch und so manche Grammatikregel missachtend Gehör verschaffte. Auch schlagkräftige Argumente handfest ins Feld führt. Die Mischung aus Sprüchbeutel, Wadlbeißer, Visionär, Geschäftsmann und Mäzen kommt an. Pfister ist ein Mann der klaren Worte, ein Hutträger, der selbigen aber nicht vor jedem zieht. Kanzlerin Angela Merkel hat er dreimal den Handschlag verweigert,

Wer ihn als einen Selbstdarsteller belächelt, wird den vielen Facetten Pfisters nicht gerecht, dieser Mischung aus Löwe und Lamm. Der über Grüne, Naturschützer und behördliche Auflagen wettert, sich aber an Biotopen, der Fauna und Flora auf seinen Arealen erfreut, der als knallharter Geschäftsmann auftritt, aber von vielen sozialen Adern durchzogen wird. Ambivalenz in Reinkultur: Er setzt modernstes Gerät auf seinen Baustellen ein, sammelt aber Oldtimer en masse. Über 30 Oldtimer-Traktoren stehen in seinen Hallen. Ein Denker, aber auch ein Schrauber, der hinlangt. Ein widersprüchlicher Charakter und einer, der das Bad in der (Menschen-)Menge genießt.

Auch wenn er überzeugt davon ist, dass ihn viele in seinem Heimatdorf, wo sein Großvater die Kuratie, den Friedhof und das Pfarrhaus initiiert hat, nicht mögen, weil sie ihm den Erfolg neiden, beklagt er beim Bummel durch die Straßen voller Wehmut den Leerstand in vielen Häusern bzw. die Perspektivlosigkeit, die sie ausstrahlen. Dort, wo dereinst Karl der Große auf seinem Weg in Richtung Gut Leimershof und Roth gen Sachsen durchgezogen sein soll, auf einer Prügelstraße, die erst beim Kanalbau durch ein heimisches Unternehmen wieder zutage trat.

Seele der CSU verkörpert

Thomas Lange, langjähriger Kolumnist des Fränkischen Tages und der Mediengruppe Oberfranken, beschrieb den Prototypen des CSUlers anno 2014 nach dessen Auftritt beim Parteitag in Nürnberg treffend: „Es ist leicht, Georg Pfister einfach ein gängiges Etikett aufzukleben. Den überregionalen Medien gilt er als CSU-Rebell, was schon mal falsch ist. Pfister ist seit 1951 in der Partei und er war, so jedenfalls der frühere Bamberger CSU-Landrat Günther Denzler, der bestgewählte Kreisrat aller Zeiten. Rebell? Nur, weil er auf Parteitagen das sagt, was Delegierte oft gerne hören, was aber die von ihm so angesprochene ‚hohe Führung' schon aus Gründen der Diplomatie und politischen Korrektheit lieber nicht sagen will? Ersatzweise müssen dann die Begriffe wie ‚Unikum' oder ‚Original' herhalten. In diesen Begriffen schwingt die belächelnde Abschätzigkeit mit, die Georg Pfister schon aufgrund seiner Lebensleistung mit Gründung und Aufbau eines Familienunternehmens schlichtweg nicht verdient hat. Schwieriger fällt da schon die politische Einordnung. Auch hier gilt Pfister – schon wegen seiner gelegentlich skurrilen Auftritte – vielen als Außenseiter in der CSU. Genau das ist er aber nicht. Wer dem Mann mit dem Hut aufmerksam zuhört und dabei dessen Ruf als Querulant ebenso ausblendet wie die ziemlich holzschnittartige Wortwahl, der kann durchaus zu der Auffassung gelangen, dass hier einer die Seele der CSU verkörpert."

Mit seinen über 87 Jahren hat Georg Pfister ein bewegtes Leben hinter sich: Er ist dem Tod mehrfach von der Schippe gesprungen, hat keinen Konflikt gescheut, um seine Überzeugung zu vertreten, hatte mehrfach mit Staatsanwälten und noch häufiger mit politischen Gegnern zu tun, hat dabei stets auf den obersten Richter, seinem Herrgott, vertraut. Mindestens einmal die Woche besucht er einen Gottesdienst. Meist am Samstag in Bamberg in der Heinrichs- oder Ottokirche. Zu Gottes Ehren hat er eine Marienkapelle gebaut, auf dem Gelände, das sein Lebenswerk manifestiert: auf dem Firmengelände westlich von Hohengüßbach. Und den Gesamtumsatz, den er mit seinem Lebenswerk in den Jahrzehnten als Unternehmer erwirtschaftete, schätzt der Chef von mehreren Firmen auf hunderte Millionen Euro.

Aufnahmen vom Betriebshof mit dem betonierten Rondell als Landeplatz, auf dem später die Marienkapelle entstand. Oberes Foto: Ronald Rinklef.

Die Marienkapelle am Eingang zum Firmengelände, erbaut 2015: Die Eingangstür ist 300 Jahre alt und zierte dereinst das Hohengüßbacher Gotteshaus, sollte aber aufs Johannisfeuer geworfen werden. Die Darstellung des Drachentöters Georg stammt von Richard Pfister, dem Sohn von Georg Pfisters Bruder Andreas. Die kunstvollen Glasfenster fertigte eine Künstlerin aus Bad Staffelstein.

Blick zurück: Auf die massive 300 Jahre alte Eingangstür sowie die Vorfahren, die auf einem Grabstein, der jüngst renoviert wurde, verewigt wurden.

Tiefbau Pfister

IN EIGENEN ERZÄHLUNGEN

AUS DEM LEBEN DES GEORG PFISTER

Das Licht der Welt erblickte Georg Pfister (er war immer des Schorschla) am 5. Oktober 1935 in Windischletten (heute Stadtteil von Scheßlitz im Landkreis Bamberg) als zweiter Sohn von Friedrich und Anna Pfister und wuchs dort zusammen mit seinen Geschwistern Inge und Andreas auf.

Seine Mutter Anna stammte aus dem nahen Hohengüßbach und hatte in den Bauernhof von Friedrich Pfister eingeheiratet. Sein Großvater Andreas Martin, der Vater seiner Mutter, betrieb in Hohengüßbach ebenfalls eine Landwirtschaft mit Schnapsbrennerei, 30 Bienenvölkern, fünf Kühen und fünf Schweinen. Nebenbei war er 42 Jahre lang Raiffeisen-Rechner. Zusammen mit einem Herrn Diller hatte er 1911 die Merkendorfer Raiffeisen-Genossenschaft gegründet und 1912 die Hohengüßbacher mit sieben Mann aus Zückshut und insgesamt 35 Genossen. Die Gründerväter aus Zückshut sagt der Enkel heute noch auswendig und wie aus der Pistole geschossen auf: Hatzold, Rieneck, Postler, Friedman, Kremer, Seibold und Fösel. Weiter initiierte der Großvater die Kuratie, den Bau des Friedhofs und des Pfarrhauses in Hohengüßbach. Ein gottesfürchtiger Mann also.

Des Schorschla (rechts) mit Tanten und Cousine Ida Hopf aus Sassendorf und Bruder Andreas (links auf dem Schoß).

Pfisters Elternhaus in Windischletten im Jahr 1943.

Pfisters Großvater Andreas Martin war von 1914 bis 1918 im Krieg in Rußland gewesen und dort aufgefallen, weil er als einziger Soldat nicht an Malaria erkrankte. Laut Pfister gelang das, weil er ständig Honig aß, der ihm aus der Heimat geschickt worden war. Deswegen erfolgte sogar eine Vorladung bis zum General, der sich erkundigte, warum Martin nicht erkrankte. Als der auf seine Honig-Vorliebe verwies

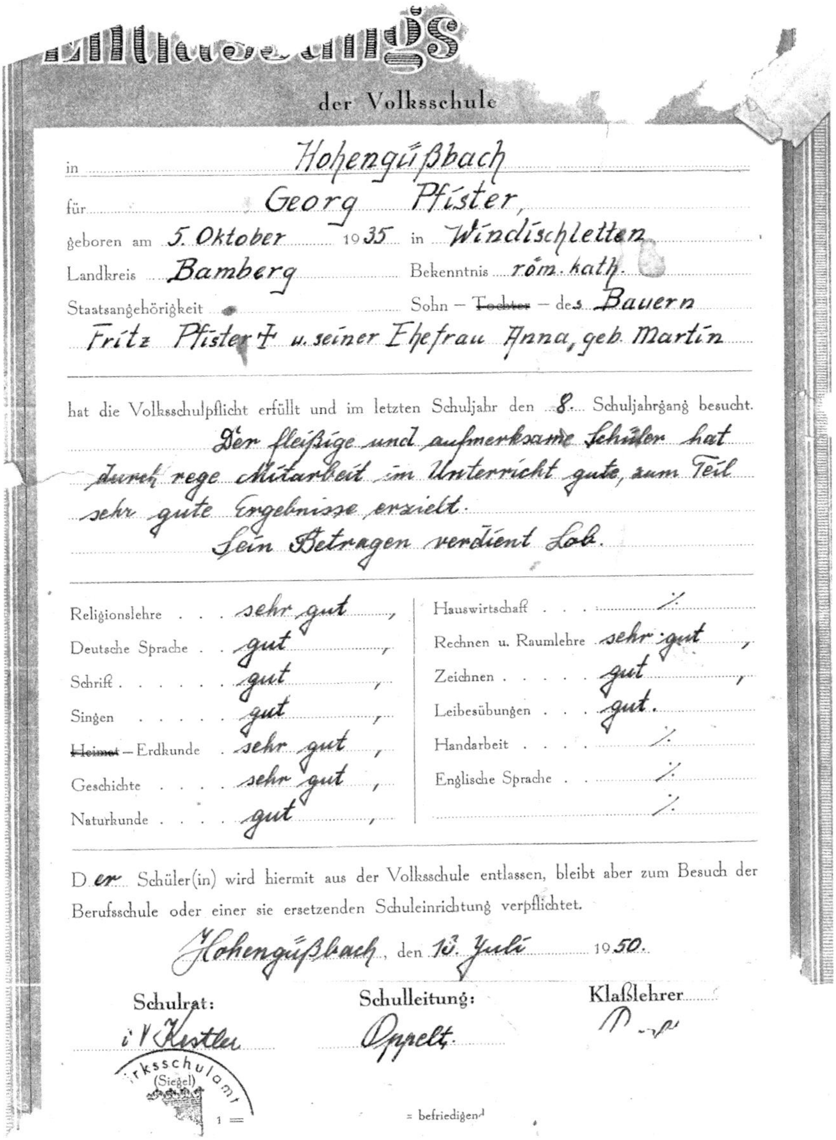

Entlassungs
der Volksschule

in Hohengüßbach

für Georg Pfister,

geboren am 5. Oktober 1935 in Windischletten

Landkreis Bamberg Bekenntnis röm. kath.

Staatsangehörigkeit Sohn – ~~Tochter~~ – des Bauern

Fritz Pfister † u. seiner Ehefrau Anna, geb. Martin

hat die Volksschulpflicht erfüllt und im letzten Schuljahr den 8. Schuljahrgang besucht.

Der fleißige und aufmerksame Schüler hat durch rege Mitarbeit im Unterricht gute, zum Teil sehr gute Ergebnisse erzielt.
Sein Betragen verdient Lob.

Religionslehre	sehr gut,	Hauswirtschaft	./.
Deutsche Sprache	gut,	Rechnen u. Raumlehre	sehr gut,
Schrift	gut,	Zeichnen	gut,
Singen	gut,	Leibesübungen	gut.
~~Heimat~~ – Erdkunde	sehr gut,	Handarbeit	./.
Geschichte	sehr gut,	Englische Sprache	./.
Naturkunde	gut,		./.

Der Schüler(in) wird hiermit aus der Volksschule entlassen, bleibt aber zum Besuch der Berufsschule oder einer sie ersetzenden Schuleinrichtung verpflichtet.

Hohengüßbach, den 13. Juli 1950.

Schulrat: i. V. Kestler
Schulleitung: Oppelt
Klaßlehrer

(Siegel) ...rksschulamt

1 = ... = befriedigend

(„weil ich von daheim nur Honig ess"), musste Opa Martin fürderhin auch den General mit dem Bienen-Produkt beliefern. Ein Indiz für die Rüstigkeit des späteren Ziehsohns, da Georg Pfister 1950 nach Hohengüßbach kam?

Ab 1942 hatte des Schorschla noch die Schule in Windischletten besucht. „Durch den Krieg habe ich, wenn ich alles genau zusammenzähle nur dreidreiviertel Johr die Schul' besucht. Wir hotten ja zwei, drei Johr long gor kaa Schul ghabt und danach ein Jahr lang nur halba Toch. Es war a Katastroph'. Aber ich hob des Glück ghabt und des Einmaleins bis 20 gelernt." In der Zeugnis-Bemerkung hieß es: „Der fleißige und aufmerksame Schüler hat durch rege Mitarbeit im Unterricht gute, zum Teil sehr gute Ergebnisse erzielt. Sein Betragen verdient Lob." Mit dem Entlass-Zeugnis vom 10. Juli 1950 wird der Abschluss der achten Jahrgangsstufe bestätigt mit Noten, die den Schüler nur als „gut" oder gar „sehr gut" auswiesen.

Begegnung mit US-Soldaten

Pfisters Vater war zu diesem Zeitpunkt schon verstorben. Er hatte zunächst als Wehrmachtssoldat in Lippstadt in einer Flak-Einheit gedient und wurde mit 38 Jahren dann zum Fallschirmspringer ausgebildet.

Umgekommen ist er bei einer Übung mit dem Fallschirm, da er am 10. Oktober 1944 bei Dunkelheit nachts um 22 Uhr bei Siegburg abspringen musste, auf einem Bahndamm landete und nach einem Überschlag rücklings mit dem Kopf gegen einen Grenzstein knallte und sich dabei einen Schädelbruch zuzog. Im August 1944 war er noch auf Heimaturlaub gewesen, als ihn die drei Kinder mit dem Fahrrad und dem Koffer drauf zum Bahnhof nach Zapfendorf begleiteten. „Wir haben die Koffer noch mit in den Zug ghoben, dann winkt er und fort wor er und is nicht mehr kumma." Nach Scheßlitz umgebettet wurde sein Leichnam im Juli 1945.

Vater Friedrich (rechts) mit Freunden im Dorfwirtshaus im Jahr 1935.

Der Vater im Krieg in Lippstadt.

Kindergruppe zu Weihnachten 1944 in Windischschletten.

Die Kriegswirren gingen auch an Windischletten nicht vorbei. Vor dem Einzug der Amerikaner erlebte Pfister am Sonntag der Kinderbeichte (8. April 1945) die Explosion des Munitionszuges im Zapfendorfer Bahnhof zur Mittagszeit. Pfister meint es seien V1-Waffen gewesen. „Fast alle Häuser und die Kirche waren kaputt." Am nächsten Tag wurde er zusammen mit seinem eineinhalb Jahre älteren Bruder Andreas mit den Ochsen, einem Mistwagen, Pickel, Kette und Schaufel die sechs Kilometer runter nach Zapfendorf geschickt, um „die toten Kühe mit Ketten aus den Ställen rauszuzerren". Dabei sah er die Verwüstungen und auch den Krater, den die Detonationen erzeugt hatten. „Do konntest a zweistöckiges Haus neistellen. So tief wor des Loch. Die Lok mit ihra 180 Tonna is nuch drinna." Selbst beim Bau der ICE-Strecke Anfang des 21. Jahrhunderts sei es nicht gelungen, die zu bergen.

Vermutlich das älteste Bild vom Schorschla.

Im April 1945 rückten die Amerikaner ins Dorf ein. Zuvor waren noch Ungarn im Ort gewesen mit 20, 30 Gäulen. Die waren vor dem Einrücken der US-Truppen von Roth her ausgerissen in Richtung Giech samt ihrer Pferde. Und die Ami marschierten am 13. April um 10 Uhr ein und die Buben im Dorf liefen ihnen mit weißen Fahnen entgegen, weswegen sie vom Lehrer (Name bekannt) zusammengeschissen wurden.

„Der wor kaa Nazi, aber die haben den dazu gezwunga. Aber wir haben ned auf ihn gehört."

Also gegen Mittag besetzten die US-Truppen das Dorf und gaben den Buben Kaugummi, Kekse, Schokolade (eine Masche, die der Bauunternehmer übernehmen sollte) und einen Lederball. Die Amis blieben im Dorf, als eines Nachts die schlafende Verwandtschaft durch Schüsse aufgeschreckt wurde. „Die Buben von der Cousine meiner Mutter aus Bamberg, Horst und Alfred (Wellein) und ich hottn im Wohnzimmer geschlofn. Mei Mutter, ihr Cousina und mei Schwester im Schlofzimmer." Soldaten hatten von der Kirche aus auf herangaloppierende Pferde gezielt, wobei es sich um die Gäule gehandelt hatte, die kurz zuvor mit den Ungarn nach Giech gezogen waren. „Wir sin dann rausgerennt ausm Haus, plötzlich haben sie aufn Nachbarn sei Haus gschossen."

Mit 37 Kugeln beschossen

In dieser mondhellen Nacht wurden zwei Pferde getötet, aber auch der Nachbar getroffen und verletzt – durch die Hausmauern hindurch. Eine Flüchtlingsfrau erlitt einen Beindurchschuss. Die Amis hatten einen Angriff vermutet. „Und wir Kinder sind alle ausgerissen in Richtung Bierkeller, weil die ja rumgeballert habn." Alle über einen Jauchegraben hinweg die 30 Meter bis zum Keller. „Und ich hob mein ann

Windischletten zur Zeit des Einmarsches der US-Truppen.

Schuh ned gfunna. Die andern worn schon fort und es wor doch finster. Also bin ich als Letzter mit aam Schuh hinten noch gerennt. Und in dem Moment hör' ich's trappeln, Lichter und Lampen: Stop! Stop! Stop! Und ich hau mich in den Graben nei, zwei Meter vorm Kellereingang, weil die des Schießen anfangt hobn. Ich wor im Groben im Struz geläng und schon schlugen die Kugeln über mich ein. Am nächsten Tooch hobn wir 37 Geschosse aus der Böschung raus. Wenn der Grobn ned so tief gewesen wär, hätten die mich erschossen. Wenn die mich getroffen hätten, wär' ich a Sieb gwesen. Auf amol packen die mich, ziehen mich an Händ' und Füß' raus. Ich hob gedacht, die zerreißen mich. Ich hob gschreit wie a Zahnbrecher. Dann hobn die mich angeleucht mit ihra Taschenlampen und ständig Soldat, Soldat gebrüllt." „Ich so laut wie möglich: Nix Soldat! Nix Soldat!"

Dann entdeckten die zehn Amis, dass die Türe zum Bierkeller offenstand, packten den Neunjährigen und schoben ihn vorneweg als Kugelfang in den Schutzraum. „Nicht schießen, nicht schießen haben die gerufen und mich dazu angeleuchtet." Als den Soldaten klar wurde, dass es sich nur um Zivilisten handelte, durften die Mutter, Schwester Inge und all die anderen Leute wieder raus.

Etwas anderes erweckte danach das Interesse der Uniformierten in diesem Gewölbe, wo in den drei Nischen die Einmachgläser mit Gurken, Kirschen, Birnen standen. „Des haben die alles kurzerklaa gschossen."

Es folgte der Sonntag der Kommunion in Scheßlitz, wohin die Kinder im Pferdewagen des Gutshofbesitzers Kann aus Leimershof, einem einstigen Jesuitenkloster mit Brauerei und Ziegelei, chauffiert wurden. „Mein Opa aus Hohengüßbach hat den Kann gut gekannt, deswegen hat der uns gfohrn."

Wie ein Bettler nach Hohengüßbach

Während der ältere Bruder am heimischen Hof blieb – er war im Übrigen der Anlass für das Box-, Judo- und Karatetraining und Gewichtheben. „Der hat mich immer raumghaut. Ich musste mich wehren" – musste Georg als Helfer und Ziehsohn zu den Großeltern. Und auch als Boxer verschaffte er sich Respekt. Übte fast jeden Abend auf dem Scheunenboden und nahm an Schaukämpfen teil. Er erinnert sich an erfolgreiche Auftritte in Forchheim (Da hab ich sogar aan Profi umgehauen"), Bad Kissingen und sogar im badischen Mosbach.

„Am 1. Mai 1950 fuhr ich mit einem olten Fahrrädla, Hemdla, Hösla anghabt, Kniestrümpfla hintendrauf, ned amol a Taschentüchla, kaan

Mutter Anna und Vater Friedrich Pfister.

Geldbeutel wie ein Bettler nach Hohengüßbach" zu Großmutter und Großvater, um dort in der Landwirtschaft zu helfen, weil auch der Onkel im Krieg gefallen war. Wie auch drei weitere Onkels. Einzig der Taufpate Bonifaz, der Bruder des Vaters, war am Leben, aber der war Pater im Kloster Niederaltaich in Niederbayern, wo er als Prior und Russisch-Lehrer fungierte. Der Kirchenmann hatte verhindert, was der Stadtpfarrer von Scheßlitz, namens Hart (Bruder von Landrat Georg Hart,1948–1964), eindringlich gewünscht hatte: Pfister hätte unbedingt Geistlicher werden sollen. „Nach jeder Religionsstunde in Schletten ist der zu meiner Mutter ganga und hat gsocht, der Geo muss nein Priesterseminar, weil ich nur Einser und Zweier ghabt hob. Ich war der Best' von der gonzen Schul'." Ausgerechnet der klerikale Onkel und Pate meldete Einspruch an. Die Erinnerung an ihn hält Pfister mit einem Bild in seiner Marien-Kapelle wach.

So ging Georg nichts ins Priesterseminar, sondern den Großeltern in Hohengüßbach zur Hand. Die Großmutter Margareta war krank, der Opa Andreas schon 74. „Der hot ausgeschaut wie der Friedrich Wilhelm Raiffeisen." Und auch der Großvater hatte ja schon große Taten erledigt.

Mit den Dorfburschen im Clinch

Und nicht nur an seine Marschausrüstung erinnerte sich Pfister noch ganz genau. „Ich hob a halba Stund' gebraucht bis Hohengüßbach mit meim Hemdla, Hösla und Kniestrümpf. Und dann mei Fahrrod ans Haus gelehnt. Kommen fünf Hohengüßbacher, die mich schon gekannt hatten und wussten, dass ich bleibn soll und fangen mit mir das Raufen an. Vorm Haus führte ein Jauchegraben vorbei und schon waren zwei unter mir drina in der Jauche gelegen und drei worn auf mich drauf ghöckt, bis mei Großvater mitm Besen kumm is' und sie gstabt hot. Die wollten zeigen, wer der Herr im Dorf ist und ich hab' mich gleich wehren müssen." Es sollte nicht der letzte Durchsetzungskampf Pfisters bleiben. „In Hohengüßbach mögn mich ned alle", was der Eindringling auf seine Erfolge zurückführt, was Neid erweckt, sicher aber auch der Vollmundigkeit zuzuschreiben ist, mit der er diese Erfolge verkündete.

Am nächsten Morgen musste der Neuling mit dem Gemeinde-Bulldog, der eigentlich der Raiffeisen-Genossenschaft gehörte, mit nach Baunach fahren, wo vier Bauern in der Tremelsmühle mahlen und ihr Bier in der Brauerei Schmitt brauen ließen. Dort wurde das Bier gefasst und als dies erledigt war, gab's eine Wurst zum Essen und von der alten Schmitta für jeden ein Seidla Bier. „Da, trink!" Pfister weigerte sich und ließ die Wirtin rufen: „Des trink' ich ned, ich trink' ka Bier." Das hatte die gar nicht glauben wollen, in dieser Zeit so kurz nach dem Krieg. „Geh zu Bub, du gewöhnst dich dran."

Der erste Rausch

Und der Pfister: „Naja, anstandshalber hab ich es zammgebissen und wie wir gessen ghabt habn, wusst ich nix mehr, war richtig weg. Wechä am Seidla Bier!". Dann wurde er auf Mehlsäcke draufgeschmissen und heimwärts ging's mit Gießern, womit die Fässer, die ständig nachgefüllt werden müssen, weil das Bier noch gärte, überschüttet wurden. „Ich hob gepappt am ganzen Körper."

Daheim haben ihn seine Begleiter vom Gummiwagen runtergeholt, ins Haus getragen und die Großmutter schrie auf: „Vater, die hobn uns a Lümpla gschickt, der versöft unnern Bauernhof."

Dann haben sich ihn aufs Canapé gelegt und am nächsten Morgen und hat mein Siemer, so der Hausname, vom Andreas Martin erfahren, dass die Wirtin sechs Schnäpsla ins Bier geschüttet hatte. „Ach, die hot den hergericht', aber sie hatte sich einen Spaß draus gemacht. Und ich hob meinen ersten Rausch in meim Leben ghobt."

Schlafen musste Pfister auf einem Strohsack in einem Erker. „Im Winter lagen da manchmal fünf Zentimeter Schnee auf mir drauf." Der Beginn des Berufslebens: Pfister musste jeden Tag den Strohsack durchrütteln und eine Viertelstunde lang den Keller auspumpen, weil der immer voller Wasser gelaufen war.

Als der Großvater einen Motormäher kaufte, nahm das neue Aufgabengebiet zu: Der Neukauf kam beispielweise in einer Hohlgasse zum Einsatz. Vier Meter tief, zehn Meter breit und oben ein Weg entlang, wo der Motormäher erstaunliche Dienste leistete, was den Neid der großen Bauer erweckte, die noch mit ihren Ochsen und Gäulen anrückten.

Der Junge aus Windischletten war gerade mal vier Wochen aufm Hof und führte schon Neuerungen ein. „Jetzt haben wir halt die Wiesen von die klaan Bauern, die nur a paar Küh ghabt haben, gemäht." Was andere Großbauern wiederum ärgerte.

Der Opa war kein Raiffeisen-Rechner mehr, hatte aber 30 Bienenvölker (eben so viele wie die Mutter in Windischletten). „Jetzt hob ich die Völker innerhalb von zwaa, drei Johr vergrößert auf 60 Völker. Wir hobn zentnerweis' Honig verkaaft." Und Schnaps! „Den lieferten zunächst Opa und ich in alle Dörfer, Sassendorf, Lauf, Zapfendorf, Unter-

Historisches Verwandtschafts-Foto mit Tante Rettl Ziegelhöfer, geborene Martin (rechts außen) und Tante Sina (obere Reihe, Fünfte von links).

leiterbach, Ebing, Baunach, Breitengüßbach, Kemmern, Hallstadt, Starkenschwind, Gundelsheim. Wir sind nachmittags um Dreia fort und nachts wieder haam. Damit ich die Leut's gekennt hob'. Später hob ich des alla gemacht. Und die alten Maurer hobn alla Monat ihrn Schnaps kaaft. Birnaschnaps, Öpfelschnaps oder Zwetschgä. Die, die mehr Geld hatten, den Zwetschgä, weil der wor teurä." Der Opa verfügte über eine Obstbrennerei und ein Brennrecht für 300 Liter. Zwei Jahre lang marschierte Georg Pfister die Tour ab und ist dabei oft erst um 2 oder 3 Uhr zurückgekommen. „Zu Fuß und mit 30 Flaschen im Rucksack und in die Sockn. Bin immer haamkumma und hob 200, 300 Mark in die Taschn ghobt."

Im Oktober 1951 folgte der nächste Entwicklungssprung: In der Berufsschule in Breitengüßbach fiel Pfister eine Zeitschrift mit dem Titel „Der Traktor" in die Hand. Die Berufsschule hatte zunächst im Saal der Brauerei Hümmer ihr Quartier, später im Jugendheim. Er nahm die Zeitschrift mit heim und zeigte sie dem Großvater, der sie interessiert durchblätterte.

Es dauerte nicht lange und der Großvater drückte dem Enkel 7500 Mark in die Hand und schickte ihn mit dem Fahrrad zur Baywa nach Bamberg in die Luitpoldstraße, um einen Traktor zu kaufen. „Die hobn mich do dinna ned gekennt. Da hob ich mei Rädla in der Werkstatt abgestellt und da kam so ein großer Mann auf mich zu, der Werkstattmeister Niklas. Den hob ich gefrocht: Soch amol, ich will an Bulldog kaafn. Wu gibt's denn do an Bulldog?" Pfister maß damals 1,60 Meter an Statur.

Der Bub auf dem Bulldog

Was den Meister stutzig machte: „Wos, du willst dir an Bulldog kaafn?" Hat er gelacht und den Weg gezeigt. „Gehst den Gang nei, zwaa Treppen nauf, die wärn dir schoo helfn."

Pfister marschierte los, bis ihm eine Frau über den Weg lief: „Ich möchte den Direktor sprechen." – „Wieso den Direktor? Was wölln denn Sie?" Darauf der junge Mann: „Ich will aan Bulldog kaafn. " Die ungläubige Frau staunte: „Was willst Du? An Bullldog kaafn? Du klaaner Bube!" Daraufhin schickte sie ihn in einen Besprechungsraum. Er nahm an einem großen Tisch mit zehn Stühlen Platz. Und es kam tatsächlich der Direktor, ein Mann namens Stirnweiß, ein gebürtiger Breitengüßbacher, ebenfalls klein an Wuchs, weswegen ihn Pfister eher für unbedeutend hielt: „Konnst Du mich an Bulldog verkaafn?"

Der Direktor Stirnweiß stutzte zunächst, verließ das Zimmer und kam mit zwei weiteren Männern zurück, die nicht weniger misstrauisch waren: „Du willst aan Bulldog kaafn. Wu bist denn her? Was? Von Hohengüßbach? Da kenn' ich den altn Martin, den Raiffeisen-Rechner, der liefert uns Honig und Schnaps."

Pfister verriet nicht, dass dies sein Großvater ist. Doch sie versorgten ihn mit verschiedenen Prospekten – Fendt, Röhr, ein Lanz mit schmalen Reifen und Speichen und noch ein paar, alle mit 15 PS. Pfister entschied sich für den Lanz für 7350 Mark. „Ja Bub, wie willst denn den bezahlen?" – Und der Pfister schon damals hemdsärmelig: „Den zohl ich bar, wenn ich na hol'." Dann holte er sein Kuvert heraus und blätterte das Geld auf den Tisch. Sieben Tausender und ein Fünfhunderter, 7500 Mark. „Auf amol sin' zehn Mann im Zimmer. Secht aaner: Da müss mä die Polizei anrufn, der Bub' hot doch geklaut!" „Wu bist Du her?" „Na voo Hohengüßbach!"

Dann zückten sie aber doch den Vertrag und der Pfister unterschrieb, hat das Geld aber wieder eingesteckt. „Des bring' ich wieder mit, wenn ich den Bulldog kriech'." Und Pfister staunt im Rückblick selbst: „Die hätten mich den Vertrag gar nicht unterschreiben lassen dürfen, weil ich keinen eigenen Bauernhof hatte und auch noch nicht volljährig war."

Die Liebe zu Bulldogs beseelt Georg Pfister bis zum heutigen Tag, hier ein Beispiel aus seinem „Museum“. Über 30 Raritäten nennt er sein Eigen. Dieses Modell ist so alt wie der Eigentümer selbst.

14 Tage später ging bei der Wirtin in Hohengüßbach ein Anruf ein. Dort hing der einzige Telefon-Apparat im Dorf. Sie marschierte schnurstracks zum Hof von Andreas Martin und sagte zum Pfister: „Die Baywa hot angerufen. Du host an Bulldog kaaft. Den konnst abholn.“

Was sie auch im gesamten Dorf streute, sodass sich die Nachricht wie ein Lauffeuer verbreitete.

Kleiner Mann mit großem Geschäftssinn

Also trottete der angehende Traktorfahrer der Wirtin hinterher, rief bei der Baywa zurück und erhielt die Auskunft, dass er sein Fahrzeug abholen könne, es sei schon alles gerichtet und zugelassen. „Also bin ich zwei Tooch später mit Fohrrädla neingfohrn, an Kälberstrickla drauf, damit ich's haamwärts anhänga koo – und mitm Bulldog ham."

Und dann kam's: „Jetzt fohr ich doo nei, siech den Bulldog. Mit die Speichen, die schmalen Reifen, aufm Bild hot er viel schöner ausgschaut und lauter Hebel. Den nehm' ich ned! Aufs Fahrrod ghöckt und ausgerissen." Noch heute schwärmt Georg Pfister beim Bummel durch seine Bulldog-Ausstellung hauptsächlich von den Felgen seiner Fahrzeuge. Andere Männer schauen auf die Beine von Frauen, er auf die Räder der Trecker.

Am nächsten Tag folgte prompt der nächste Anruf aus dem Baywa-Büro: „Wenn der Pfister nicht sofort nach Bamberg kommt, wird die Polizei informiert." Also kehrte er wieder zurück, hatte aber schon Rücksprache mit dem Großvater gehalten. Der hatte ihm folgende Losung mit auf den Weg gegeben: „Bub', fürcht' dich ned."

Also wurden im Baywa-Büro erneut die Prospekte studiert. „Also gut, aan andern nehm' ich, dann hobn sie aan Deutz her, der wor sogar hundert Mark billiger." Also wurde ein neuer Vertrag geschrieben, der alte rückgängig gemacht.

14 Tage später dasselbe Spiel: Anruf, aufsatteln, einkaufen. „Jetzt hot der Scheiß-Bulldog auch Speichen ghabt. Aufm Bild hot er Scheibn ghobt. Den nehm' ich ned. Die Speichen, die sehen ned schö' aus."

Daraufhin entgegnete einer der Verkäufer: „Pass auf Bub', ich sooch dir wos. Ihr hobt Hohlgassn, doo könnt Ihr gor ned duchfohrn. Wennst aber mit deim Bulldog versinkst, legst davor aan Prügel hie und hängst a Kette durch die Felgen durch und dann hebt's den Bulldog raus." Der Pfister fand das „a guta Idee, dann hob ich naa genumma, hob des Geld hingeblättert und bin haam gfohrn".

Dort angekommen wurde der Großvater mit dem nächsten Problem konfrontiert. „Opa, wir brauchen fei aan Diesel." Im Telefonbuch beim Wirt fand er den Shell-Poimann und der Anruf ergab, dass ein Fass mit Diesel 60 oder 80 Mark kostet. Also ging's los – mit dem Mistwagen und dem Bulldog. Aber erst musste beim Reifen-Wagner in der Nürnberger Straße eine Deichsel gekauft werden. Bei der Fahrt zum Ölhändler verlor Pfister kurz vor Hallstadt das rechte hintere Rad, weil die Zäpfla raussprangen. Nach der Reparatur ging's weiter. In Güßbach lauter Kopfsteinpflaster, in Hallstadt nur Kopfsteinpflaster. „Des war ein Geratter gewesen." Aber letztlich schaffte er es doch bis in die Brennerstraße zum Ölhändler.

Als „Schwarzfahrer" unterwegs

„Ein Johr long bin ich schwarz gfohrn." Bis sie ihn in Breitengüßbach in flagranti erwischten. „An der Säch'" – dem Sägewerk, ein beliebter Stopp, der in späteren Jahren noch vielen anderen Autofahrern zum Verhängnis werden sollte. In Breitengüßbach gab es anno 1951 noch eine eigene Polizeistation. Besetzt mit vier Mann. „Die sin alla Monät einmal Zückshut, Hohengüßbach, Leimershof, Sassendorf und Lauf abgfohrn. Und bei uns sin sie immer rein auf a Schnäpsla. Zwei Mann. Und so hoben die mich gekennt, wie ich in der Säch, des wor mei Tant Rettl (Ziegelhöfer, die Schwester der Mutter Anna), Holz gholt hob' und rausfohr. Ich hob Bretter gebraucht, weil ich ein Silo gebaut hob. Und wie ich rausfohr, kummt die Polizei."

Szene vom Bauernhof. Auf dem Seil vor der Scheune über den Misthaufen ist Georg immer wieder 40 Meter weit balanciert.

„Du Lausbub'", tönte es gleich. Die Beamten, Bauer (der Chef) und Schmitt mit Namen, wussten, dass der Junge da auf dem Bock noch gar keinen Führerschein hatte. „Worum fährst denn du do rum?" Pfister hatte schlagfertig die Antwort parat: „Ihr kennt doch mein Großvater. Der is' doch bald 80, der kann doch kaan Bulldog mehr fohrn." Die Polizisten überzeugte dies noch nicht: „Und du, du host doch kaan Führerschein. Du därfst doch ned fohrn!" Und wieder war der Gescholtene um eine Erwiderung nicht verlegen: „Ich konn doch fohrn, ich brauch doch kaan Führerschein."

Das stimmte den Polizeichef Bauer milde. „Also Bub' pass auf, dass nix passiert." Und Pfister ist sich sicher: Heutzutage würde ein Polizist sofort entlassen, wenn er so reagieren würde. Die Güßbacher Gendarm indes ließen ihn weiterfahren und „hobn nix weiter gämacht". Ein Schnäpsla war ihnen bei der nächsten Kontrollfahrt bestimmt sicher.

Die Anfänge als Landwirt

Das Holz aus dem Breitengüßbacher Sägewerk diente als Schalung für ein Silo hinter der Scheune, Drei Meter lang, einen Meter breit. Beim Porzner im Maintal wurde mit dem Mistwagen ein Kubikmeter Kies geholt. Der wurde mit Zement, den die Raiffeisen lieferte, mit der Hand angemischt, dann eingeschalt und so entstand das allererste Kartoffelsilo in Hohengüßbach, für einen Betrieb, der gerade mal fünf Hektar bewirtschaftete und über zwei Hektar Wald verfügte.

Die Güßbacher waren da weiter gewesen. Die verfügten schon über eine Dampfkolonne. „Fünf Bauern dämpften da unten schon Kartoffeln nein Silo." Weil dies in der Berufsschule gezeigt wurde, ahmte der Hohengüßbacher dies gleich nach. Dann folgte das erste Grünfutter-Silo in Hohengüßbach. „Des hot auch nuch kaaner ghobt."

Und noch eine Vorreiterrolle schreibt sich Pfister zu: „Ich hob Luzerne angebaut, Monatsklee heißt der. Tust dänoch aan Weizen drauf, brauchst kaan Stickstoff dünga, weil der Klee aus der Luft raus den Stickstoff sammelt. Und deswegen hob ich doppelt so viel Getreide gedroschen wie die anderen Bauern."

In den Jahren 1954/55 war der Kultivator, zum Teil selbst zusammengebaut und -geschweißt, ein begehrtes Hilfsmittel bei der Feldarbeit. „Und die hobn sich mei Geräte dann ausgeleiht." Das Rüstzeug zum Bau dazu holte sich der wissbegierige Tüftler beim Schmied im Dorf, Andreas Eberlein, der wegen eines Steckschusses in der Lunge selbst nicht mehr so gut arbeiten konnte. „Ich war ein Viertel Jahr in Hohen-

Pfisters Elternhaus in Windischletten, Aufnahme datiert aus 1934.

güßbach und ab dann bin ich jeden Tag die 50 Meter zu ihm runter, um ihm zu helfen, weil er sich so hart getan hot.“ Manchmal zwei Stunden, manchmal fünf Stunden – bis 1963 als er zur Baufirma Andreas Müller wechselte. Dazwischen war er noch in ehrenamtlicher Nachtarbeit mit Raupen- und Baggerfahrten für die Flurbereinigung im Einsatz. Über diese Unterstützung freute sich besonders ein Raupenfahrer aus Kemmern, der damals für das Hallstadter Ingenieurbüro Andreas Wölflein tätig gewesen war.

Ab Februar 1954 lernte Georg Pfister noch als Hausmetzger bei Paul Zahn in Breitengüßbach. Dabei eiferte er ebenfalls dem Vorbild des Großvaters nach. „Zwaa Monät long des Schlochten. Der Paul hot gschlocht wie a Bauer, a Schlochthaus hot der ned ghobt.“ Aber einen Schußapparat, in Hohengüßbach indes starben die Schweine den Tod durch Erschlagen mit dem Beil. Wie es beim Großvater auch schon Sitte gewesen war. „Das Wursteln war mir nicht so wichtig, wichtig wor des Schlachten. Wörst machen konnte der Großvater.“

Dazu fällt Pfister auch eine Anekdote ein: Einmal wurde eine Sau in die Wanne gerollt und „als der Alte des Wasser drüberschütt’, des Blut wor ja schoo heraun, rast des Viech raus, rennt vür die Straß’, 50 Meter und fällt vorm Gehsteig um. So Zeuch ist passiert.“

Auf dem Bauernhof setzte Pfister auf neue Anbaumethoden, benutzte Natur- statt Kunstdünger. Über den Kartoffelacker düste er mit einem Motorrad, einer 200er BMW, an der eine Netz-Egge hing. „Erst den Berg runter, bis der Motor heiß gelaufen wor. Dann a halba Stund' Pause zum Abkühlen und dann wieder den Berg nauf."

Aber nicht nur auf dem Acker verband Pfister Hand- mit Kopfarbeit. Er tüftelte an eigenem Werkzeug. Aus Schrott entstanden „Wunderwaffen". So wurde an einen E-Motor das Getriebe einer Isetta angebaut, um daraus eine Mischung aus Schleifer, Bohrmaschine und Säge entstehen zu lassen. Eine Dampfmaschine, die einst in der Ziegelei Dellert gestanden hatte und bis zu 30 Atü Luftdruck lieferte, steht noch heute in der Scheune herum und wartet auf den nächsten Einsatz

Das Abendprogramm gestaltete sich anders, als man es bei einem jungen Burschen vom Lande vermutet hätte. Erst zum Schmied gleich in der Gasse gegenüber, danach noch eine Stunde auf den Dachboden der Scheune, wo neben dem Heu, das in Handarbeit bis zum Dach aufgetürmt worden war, der Boxsack hing, um sich gar auszutoben. Den Nah- und Faustkampf hatte er aus den Erfahrungen mit seinem älteren Bruder, der ihn stets klein halten wollte, schon länger im Programm.

Fast 1000 Zentner Obst wurden im Jahr zu Schnaps gebrannt. „Tooch und Nocht nur Ärbät." Noch heute schwingt Stolz über seine Produkte mit und eine persönliche Kostprobe überzeugt Besucher davon, dass der nicht unberechtigt ist.

Die Vorbehalte, die ihm im Heimatdorf immer wieder begegnen, gehen auch auf die Zeiten der Flurbereinigung und damit verbundene persönliche Befindlichkeiten zurück. Das Gelände, auf dem jetzt der Betriebshof steht, wurde ihm damals zugewiesen. Er hatte 5,7 Hektar bekommen, aber nur 4,3 Hektar eingebracht. Seine Erklärung dafür: „Da wor Wald drauf und der schlechteste Boden, meiner dagegen hatte die beste Bonität. Die Hohengüßbacher haben mich beschissen."

Zwar habe er in der Phase der Verteilung 1966/67 dem Vorstand angehört. „Aber die hobn mich ausgetrickst." Sicher auch aus Unerfahrenheit auf dem weiten Feld der Bauerntricks.

Trotz der vermeintlich erlebten Ungerechtigkeit hatte sich Pfister von Anfang an für ein Verfahren zur Flurbereinigung eingesetzt. Dabei hatte der Vordenker nur zwei, drei Mitkämpfer auf seiner Seite. Bei einer Informationsversammlung, die Bürgermeister Stöhr angesetzt hatte, hielt Pfister eine flammende Rede und überzeugte die Skeptiker. „Plötzlich worn sie bis auf einen alla dafür."

„Von den rund 30 Häusern im Dorf mochten mich damals viele nicht," schätzt er die Zahl der Neider. Und meint auch die Gründe dafür zu kennen: „Ich bin kumma und wor nuch kaa vier Wochn do, hot der Großvater schoo aan Motormäher gekauft. Noch im November (1950) hob ich dann mit 15 Johr aan neua Bulldog, einen Deutz für 7350 Mark gekaaft."

So ging's weiter: Auf dem Hof stand das erste Auto (ein Käfer von 1956 mit 24,5 PS), der erste Mähdrescher (1960), der erste Gummiwagen, der erste Bindemäher, das erste Kartoffel-Silo (1951), das erste Grünfutter-Silo, die erste Obstspritze, die erste Schwemmentmistung (1968). „Ich wor nordbayerischer Meister im Melken und Dritter im Pflügen. Ich wor immer vorn dro." Und er besaß auch das erste Auto in Hohengüßbach und nach Dr. Friedel und dem Sägewerk Ziegelhöfer das dritte in Breitengüßbach.

1959 war der ehrgeizige Landwirt mit seinem zweiten Deutz-Bulldog unzufrieden. In einem Brief beschwerte er sich: „Ich hob aan kaaft mit 22 PS und dena gschrieben, der taugt nix, die sölln mitm Produzieren aufhören." Als Antwort kam eine Einladung zu einem dreitägigen Werksbesuch in Köln mit Übernachtung im Messe-Hotel. „Dänoch wollten die mich als Ideengeber behalten."

Noch ein Hersteller wurde auf Pfisters Erfindergeist aufmerksam. 1966 erhielt er auf der Schleusen-Baustelle in Bamberger Süden Besuch von drei Vertreter der Fella-Werke, die Sämaschinen bauten. Die hatten von einem Spezialwagen gehört, den Pfister für sich gebaut hatte: ein Wagen mit Vier-Achs-Lenkung, acht Tonnen Nutzlast, einer Abschubwand mit Seilwinde und Verteilerwalzen. Ein System, das weniger PS-Leistung erforderlich machte, sodass sich auch Bauern, die sich nur einen 30-PS-Bulldog leisten konnten, nun solche Ladewagen-Pflüge anhängen konnten.

Seine Ehefrau Luise lernte Pfister beim Tanz im Wagner-Saal in Merkendorf 1952 kennen. Zuvor war sie ihm schon aufgefallen, als sie auf dem Fahrrad in Hohengüßbach die Hauptstraße entlang gefahren war. Sie stammte aus Zückshut. Doch ehe er ihr überhaupt näherkam, musste er sich – wie schon bei seiner Ankunft in Hohengüßbach – handfest zur Wehr setzen. Die Zückshuter wolllten den Eindringling nicht an ein Mädchen aus ihrem Dorf heranlassen. „Damals habe ich fünf Mann k.o.-gschlagen, zwei gleich mit einem Schwinger und der dritt ist mit umgeflogen. Die andern zwei sin ausgerissen und mit Prügel zurückkomma." Sie betrachteten den Mann aus dem „Bergvolk" als Rivalen beim Buhlen um die Mädels aus dem Dorf. „Ich bin vom Sportplatz mit ihr raufgloofn und dann hobn sie gsocht: Ich soll verschwinden. Die hob ich aber hergericht'. Die hobn doch ned gewisst, dass ich Boxen als Hobby betrieben und im Judo den braunen Gurt gämacht hob." Die Angreifer gehörten nicht zu den SVZ-Fußballern, denn die hätten um seine Zweikampfstärke und Schlagfertigkeit gewusst, da er mit denen schon seit Jugendzeiten zusammenkickte.

Luise Pfister.

Trainingskampf mit Nachbar Georg Schmitt im Jahr 1955.

„Ich bin mit ihr 1 ¾ Johr ganga und hob mich ned amol aan getraut, ihr an Kuss zu gebn, weil ich gefürchtet hob, die kriecht a Kind. Zägor beim Tanzen hob ich sie wegghalten." Und sie trafen sich auch

Doppelter Stolz: die jungen Eheleute Pfister mit dem ersten Sohn und dem ersten Auto in Hohengüßbach überhaupt. Ein Käfer. Im Februar 1957.

nicht täglich, sondern alle drei, vier Wochen am Wochenende. Denn der Georg hatte viel zu tun: Neben der Landwirtschaft verbrachte er ja nahezu jeden Abend bis in die tiefe Nacht beim Schmied im Dorf.

Im Januar 1956 heiratete er Luise. „Ich wor 20 ¼, mei Fraa 19 ¼." Zehn Monate später kam der erste Sohn zur Welt, der schon im ersten Lebensjahr in Folge einer Pockenschutz-Impfung in den Armen des Vaters verstarb. Ein Schicksal, das auch andere Kinder ereilte. Was den Vater zum Impf-Skeptiker machte, ihn aber in Corona-Zeiten nicht davon abhielt, die Impfangebote schnellstmöglich aufzugreifen.

Frühzeitig mischte Pfister wie sein Großvater auch in der Dorfpolitik mit. So auch vor und bei der Eingemeindung nach Breitengüßbach im Zuge der bayerischen Gebietsreform zu Beginn der 1970er Jahre. So verfügte die Raiffeisen-Genossenschaft über ein gesundes Polster, da sie aus dem Nachlass des Käufers von Gut Leimershof, der ohne Erben geblieben war, zwölf Tagwerk Felder und 36 Tagwerk Wald bekam. Die weiteren Äcker wurden zu je zwei Tagwerk auf sechs Bauern verteilt. Vom Wald bekam die Kirchenstiftung zwölf Tagwerk ab, der Rest blieb bei der Raiffeisen-Genossenschaft.

Die cleveren Bauern überschrieben den Wald an die Gemeinde Hohengüßbach, wofür dann Ende der 60er Jahre die Gemeinde Breitengüßbach bezahlen musste, erinnert sich Georg Pfister noch ganz genau.

Auch bei der Eingemeindung hatte er die Finger im Spiel. Die damaligen sechs Gemeinderäte und der Bürgermeister hatten sich einmütig gegen Eingemeindung nach Breitengüßbach ausgesprochen. Eine ganz andere Meinung vertrat Georg Pfister. „Die hatten einen Straßenbau auf Starkenschwind nüber für 140.000 D-Mark vergeben und der Haushaltsplan umfasste aber nur 20.000 D-Mark. Jetzt waren sie ja quasi pleite."

Und nicht nur deswegen meldete sich Pfister bei einer Versammlung lautstark zu Wort. „So geht das nicht. Wir gehen nach Güßbach!" Und er stellte den Antrag, dass alle Einwohner in einer Abstimmung darüber entscheiden sollten.

„Mach mer" hieß es aus Reihen des Gemeinderates. Sechs Wochen später erfolgte die Abstimmung. „Ich geh' an dem Sonntagfrüh hinten zu meiner Scheuna naus und hob die Bullen gefüttert, kommt ein Gemeinderatsmitglied vorbei, um beim Nachbarn, die Samstagsnacht gschlachtet hatten, vorbeizuschaun. Secht der zu mir: Pfisterla, heit Nacht konnst auswandern. Heit Abend um Sechsa gehst widdä auf Schlitten (Windischschletten) zurück." Doch der Pfister war sich des Sieges sicher: „Ihr könnt' auswandern. Ward nä ab." Die Auszählung ergab ein klares Ergebnis: 60 Stimmen für Breitengüßbach, 20 für Hohengüßbach. „Für die Eigenständigkeit stimmten nur die sechs Gemaarät' und ihre Angehörigen."

An Denkmal mit gebaut

Vom Landwirt zum Bauarbeiter: Aufgrund einer Zeitungs-Annonce wurde Georg Pfister bei der Bamberger Baufirma Andreas Müller vorstellig. „Die hobn Leut' gsucht und vier Raupen ghabt. Ich hob gsocht, dass ich Bagger und Raupen fohrn konn." Doch der Winter 1962/63 war ein strenger. Bis zum 11. März 1963 lag Schnee, weswegen der Schorsch zum Kranführer umschulte und bei Hochhausbauten in Bamberg-Ost wie auch dem Hallenbad-Neubau am Margaretendamm zum Einsatz kam, das mittlerweile zwar leer, aber in der Denkmalliste steht. Dabei steuert er am 23. April 1963 einen nagelneuen Kran.

Warum sich Georg Pfister so genau an dieses Datum erinnert? Weil er an seinem Namenstag, dem Schorschentag, auf diese Baustelle kam, weswegen er auch eine Flasche Schnaps aus eigenen Beständen im Gepäck hatte. Daran labte sich einer von zwei Eisenbiegern aber so sehr, dass er auf der Heimfahrt in Richtung Burgellern im Bereich Laubanger vom Fahrrad stürzte, „bärblau wor und vor lauter Rausch nicht mehr aufkam".

Bis in den Herbst hinein sorgte diese Baustelle für Beschäftigung. „Dabei hob ich auch den Ingenieur Hering kennengelernt, der später zum Hums ging." Danach ging's mit den Aufträgen aber rückwärts, weswegen im Dezember des zweiten Jahres der Polier, ein Stegauracher und Betriebsrat, auf Georg Pfister zuging und ihn auf die Seite nahm. „Du, Pfister, du bist doch Bauer. Wir wissen, wos du alles host. Kannst du ned dähaam bleibn? Im Lager laafn sechs Kranführer rüm und die hobn doch alla ihra Familien." Der Schorsch: „Freilich konn ich dähaam bleibn, Ich ärbät doch ned wechäm Geld, sondern weil mir es gefällt. Geld hob ich gänuch." Schon damals zeigte sich die humane Ader des Georg Pfister, die ihn bis heute auszeichnet.

Und so zog es ihn wieder nach Hohengüßbach. Aber nicht lange. Schon am nächsten Tag fuhr ein gelber VW mit auswärtiger Nummer vor. „Des wor a Mittwoch und zwei Mann steign aus, a Longer und a Klänerä, jeder mit einem Helm auf. Gehn auf mich zu und erzähln, dass sie aus Wanne-Eickel kummma und Maschinaführer suchn, weil sie die Schleusn in Bamberg baua. Und sie hobn ghört, dass ich Kranführer bin, ob ich anfanga will? Sie zohln täglicha Auslösung."

Die Baustelle der Staustufe des Rhein-Main-Donau-Kanals an der Galgenfuhr zwischen Bamberg und Bug. Fotoquelle: Fischereimuseum Bischberg – Josef Kröner.

Und schon landete Pfister bei der Firma Heitkamp und auf der Großbaustelle an der Galgenfuhr. „Jeden Tooch hot's 27 Mark Auslösung gebn. Wir hobn zwölf Stunden geärbät und ich mochmol Doppelschichten. Pfister steuerte den großen Schwer-lastkran, der „hot 50 Tonna ghabt und war mit aan Spezialkran in die Schleusen neigehobn worn". So durch die Gegend gewuchtet wurden Schalungsplatten mit einer Größe von 15 Metern Länge und acht Meter Höhe. „Sauschwer. Die habn miä tagsüber dranghängt, dann wurden die verschraubt und die Eisenbieger hobn ihr Zeuch neigämacht. Dann kam die andere Seitn ran und über Nacht wurde unter Flutlicht betoniert. Von Sechsa abend bis Sechsa früh und dann wieder ausgschalt." Daneben bediente er auch noch einen Schürfzug „mit Riesenrädern". Pfister: „Beim Heitkamp hob ich alles gfohrn – Kran, Raupen, Fräsen, den Schürfzug mit 100 Tonnen bedient."

Für die Firma Heitkamp folgten Einsätze als Kranführer in Frankfurt-Kelsterbach, wo im Hochbau Dächer abgedeckt und neue hochgehievt wurden, was sich über ein Viertel Jahr hinzog. Dann ging der Auftrag für eine Brückenbaustelle an der A7 im Raum Fulda ein, wo auch so manches Abenteuer wartete, als Pfister in 71 Metern Höhe aus seinem

Kran krabbelte, um einen aufgewirbelten Endschalter, der sich verfangen hatte, wieder zu lösen *(siehe Anekdoten aus dem Berufsleben)*.

Mit der Fertigstellung der Autobahnbrücke endete auch die Anstellung im März 1967. Für die vier Arbeiter, die schon an der Bamberger Schleuse im Einsatz gewesen waren, stellte sich die Frage: Was tun?, wollte der aus Kulmbach stammende Baumeister von seinen Mannen wissen. Ein Pettstadter ging zur Frankenluk, der Pfister sagte seinem Chef: „Ich ärbät nix mehr." Und zog sich erneut auf seinen Bauernhof zurück.

Wo die Firma Hums vor der Haustüre damit beschäftigt war, mit einem Hydraulikbagger den Kanal zu bauen. Und war es der Firmen-Chef selbst, der Pfister abends beim Melken seiner fünf Kühe im Stall überraschte. Und seinen Anheuerversuch mit Komplimenten startete. „Herr Pfister, ich habe gehört, dass sie ein Spezialist sind und alles können. Wir haben 17 Kabel-Kolonnen und suchen einen Baggerführer auf Kanal." „Was hobt Ihr denn für Bagger?", lautete eine Gegenfrage und die Antwort überzeugte. Pfister nahm das Angebot dankend an und ist bis heute ein Fan seines damaligen Arbeitgebers. „Der alte Hums wor ein feiner Mensch und dort habe ich Kanalbau richtig gelernt. Du kannst nur viel lerna, wennst ned immer aufn selben Bock höckst."

Die fränkische Umschreibung des amerikanischen Traums, wonach ein US-Bürger mindestens drei Berufe ergriffen haben muss. „Ich hob immer gelurt, aufgepasst und abgeschaut und natürlich schon immer ein gutes Gedächtnis ghobt." Das ihn auch im hohen Alter nicht verlassen hat. Es folgten zwei Jahre bei der Firma Hums und danach wieder eine Zeit bis 1969 auf dem heimischen Bauernhof, auch um sich der Familie zu widmen. 1971 begann der Hausbau direkt an der Hohengüßbacher Hauptstraße, wozu Pfister auch eine Anekdote parat hat. „Des hob ich mit meina Fraa alles allans gämacht." Zunächst wurde das aus dem Jahr 1906 stammende Haus abgerissen.

Eigenheim in Eigenleistung

Der Entschluss dazu fiel am Kirchweihmontag, da ein Fensterkreuz auf Pfisters Kopf gelandet war, als der nach draußen schauen wollte, weil er Geschrei aus Richtung der Dorfwirtschaft vernommen hatte. Über die maroden Fenster hatte er sich schon lange geärgert, da immer mehr Kleintiere den Weg ins Innere fanden. Am nächsten Tag wurden die Ziegel vom Dach geholt, tags drauf folgte das Gebälk runter, wobei eine Fünf-Tonnen-Raupe mit Klappschaufel zum Einsatz kam, die

Das alte Haus an der Kreisstraße, das abgerissen und durch einen in Eigenregie erstellten Neubau ersetzt wurde.

Pfister bei einem Schrotthändler in Bamberg gekauft und wieder selbst instandgesetzt hatte. „Die hatte einen Lagerschaden an der Kurbelwelle und ich hob den Motor im Winter auseinandergelegt und zum Liebig in Bamberg zum Schleifen gebracht." Danach lief die Maschine wieder, obwohl „ich noch nie einen Motor auseinandergelegt hatte". Binnen einer Woche war das alte Haus weg.

Vier Wochen hob Pfister zusammen mit seiner Ehefrau in Handarbeit die Baugrube aus. Mit Spaten und Schubkarre. 14 Meter lang, 8,5 Meter breit, 1,80 Meter tief. Im Juli startete Pfister mit dem Mauern, die Skizze hatte Cousin Hans als Maurermeister gefertigt. „Wir hobn fast alles im Alleingang gemacht. Aufgerichtet, geputzt, gefliest, die Leitungen verlegt, den Kamin eingebleit. Nur ab und zu kam mal ein Helfer vorbei."

Anfangs Oktober übergab der Bauherr seinem Nachbarn und Bürgermeister den Bauplan, damit dieser ihn bei der Gemeinderatssitzung am Abend vorstellen sollte. Schon am Dienstag in der Früh, als gerade der Kamin eingebleit wurde, wurde der Plan vom Bürgermeister wieder durchs Fenster zurückgereicht, mit 7:0-Stimmen genehmigt. Damit setzte sich Pfister ins Auto und düste ins Landratsamt nach Bamberg. Dort strebte er dem Bauamt zu und traf auf den Kreisbaumeister aus einem Nachbarort, der einmal ein Auge auf Pfisters Schwester geworfen hatte. Der Bauingenieur schaute sich den Plan kurz an und fragte: „Geo, pressiert's?" Der Gefragte meinte: „Na, ich brauch' den Plan eigentlich nimmer. Ich hob heut Früh' den Kamin eingebleit."

Da staunte der Beamte: „Spinnst denn du? An einer Kreisstraß'. Hat dich denn keiner angezeigt?" Er gab sich aber versöhnlich und empfahl Pfister, nach Hause zu fahren, um 500 Mark zu holen. Um kurz vor 12 Uhr solle er damit wieder kommen. Sprach's und so ward es getan. Kurz vor Zwölf klopfte Pfister wieder an der Tür vom Kreisbaumeister und blätterte das Geld hin. Der stellte eine Rechnung über 405 Mark aus und verwies ihn zur Einzahlung bei der Kasse. Dort tauchte der Pfister kurz vor Schalterschluss auf, zahlte seine Rechnung und hielt wenig später seinen komplett genehmigten Bauplan in der Hand. In weniger als vier Stunden war der Schwarzbau somit legitimiert.

Zufrieden mit dem Werk lobt er sich selber. „Mich mecht kanner wos vor" und zählt auf, was für Maschinen er selbst entworfen und gebaut hat. Das Spektrum reicht von der Schwemmmist-Pumpe bis zum Häcksler.

***

Sein berufliches Schaffen wurde dem Firmen-Chef quasi in die Wiege gelegt, schon mit der Taufe und der Namenswahl erfolgte die Vorbestimmung. „Geo" kommt aus dem Griechischen und bedeutet so viel wie Erde oder Land. Und deswegen ist der Heilige Georg auch der Patron der Landwirte. Eine monumentale Georgs-Figur dominiert zusammen mit einer Marienstatue auch den Hof, den der Pfister Schorsch dereinst von den Großeltern übernahm. Dort zunächst Haus und Hof umsorgte. Waschen, Stricken und Kochen standen dabei auch auf dem Tagesplan, wie er in einer launigen Ansprache anlässlich seines 75. Geburtstages vor Hunderten seiner Gäste scherzte. Danach strukturierte er den Hof in die Keimzelle seiner Firmengruppe um, die in Spitzenzeiten über 130 Mitarbeiter beschäftigte. Auf mehrere hundert Millionen Euro beziffert der Firmen-Chef den Gesamtumsatz (bis Dezember 2022). Pfister und seine Nachkommen verfügen über viel Grundbesitz – von der Seenlandschaft im Main über den Betriebshof, Immobilien bis zu Deponien, Steinbruch, Wälder und Felder in über 20 Gemarkungen in Ober- und Unterfranken.

Dieser Ferguson aus dem Baujahr 1954 (54 PS) dient noch heute zu Ausstellungszwecken.

Was viele von ihnen mitunter schon mehrfach gehört hatten und was Pfister zweifelsohne hunderte Male bei den unterschiedlichsten Anlässen und diversen Runden erzählt hat, sind die Anfänge des Baggerbetriebs, die einem Irrtum entsprangen. Da der Inhalt dieser Anekdote stets nur in Nuancen variiert, lässt auf Authentizität schließen (wie so viele Details, die der Senior noch hellwach parat hat und zwar nicht nur die aus der Gebetsmühle). Es war die Zeit, da noch 45 Mastbullen im Stall standen, die Schnapsbrennerei florierte, als der Entschluss zur Gründung einer Baufirma fiel.So kam auch ein Kollege der *Nürnberger Nacichten* beim Interview in der Kunstgießerei Linz, die die St.Georgs-Reiterskulptur fertigte, in den Genuss von Pfisters Lapsus: „Eine Fehlinvestition hatte ihn auf die Erfolgsspur gesetzt: Pfister hatte einen Traktor gekauft, der sich für die Landwirtschaft als kaum brauchbar erwies. Daher meldete er einen Baggerbetrieb an und erledigte kleinere

Aufträge: Gräben und Gruben ausheben. So kam er schließlich zu seiner florierenden Tiefbau-Firma. Und vielleicht hatte der heilige Georg als einer der 14 christlichen Nothelfer schon damals seine Finger im Spiel." (Zitatende). Die Georgsfigur, an der mehrere Künstler beteiligt waren, kostete ob der anspruchsvollen Machart eine enorme Summe.

Viel lebhafter und ausschweifender als der Autor der Nürnberger Zeitung beschreibt natürlich der Firmengründer seinen Aufstieg. „Ich hob mir wos Falsches kaaft, weil ich a dummer Kerl bin. Ich hob den Bulldog-Bagger, aan MF Ferguson 65, kaaft, weil mei Fendt wor zu schwach, weswechä ich mir immer den stärkeren Bulldog meines Schwagers aus Zückshut ausleihen musste." Die Ladeschaufel der Neuerwerbung war gut, aber den Heckbagger wollte er umbauen, um ihn als Maishäcksler zu verwenden. „Des wor in fünf Minuten geschehn." Und dann stellte sich das Malheur des Neukaufs heraus: „Ich hob die Zapfwelln vom Häcklser drangemacht. Die Zapfwelln is ganga, aber ich hob sie ned einschaltn könna, weil die kaa Kupplung, sondern aan Wandler ghobt hot. Und weil die Zapfwelln kaa Kupplung ghobt hot, konnt ich sie ned einschalten. Also hob ich halt die Baggerschaufel wieder rangemacht." Und damit begann der Aufstieg!

Mit diesem Fehlkauf fing alles an.

Zunächst wurde für die Gartenmauer des Nachbarn ein zehn Meter langer Graben ausgehoben, für einen anderen Nachbarn eine Drainage auf 50 Metern Länge verlegt. „Mit dem schmalen Löffäla." Der Landwirt fand Gefallen daran und entschied, seinen Tätigkeitsschwerpunkt von der Landwirtschaft in Richtung Tiefbau zu verlegen. Das handwerkliche Geschick, die Erfahrung und Methodik hatte er sich in den Vorjahren angeeignet.

Damit war 1974 die Firma geboren, wurde auf die Erfolgsspur eingebogen und der lange Aufstieg zu einem der führenden Tiefbauunternehmen in Nordbayern begann. Der erste Mitarbeiter kam aus Sassanfahrt. Schon im September 1974 wurde ein zweiter Bagger gekauft (ein Atlas 1200 Mobilbagger, bezahlt mit einem Wechsel über 12.000 Mark, der wie vereinbart nach drei Monaten eingelöst wurde). Mit Michael Hoh aus Schweisdorf wurde ein Baggerfahrer und mit Georg Schmittschmitt, ebenfalls aus Schweisdorf, ein weiterer Mitarbeiter eingestellt. Trotz der damals herrschenden Rezession stellte sich ein bemerkenswerter Aufschwung ein. Im zweiten Jahr kamen vier weitere Beschäftigte in Lohn und Brot.

Auftragsbücher immer voller

Die Auftragsbücher füllten sich. 1975 wurde ein dritter Bagger angeschafft (ein „Atlas 1302" im Wert von 68.000 Mark). Schon 1976 knackt der Jahresumsatz die Millionen-Marke. Der erste öffentliche Auftrag ging ein, der Bau von Kanal und Sportplatz in Unteroberndorf, damals noch eigenständig. Die Bausumme betrug 113.000 D-Mark Nach sieben Jahren bestand die Firma bereits aus 50 Mitarbeitern. Fünf Jahre später waren es 100 Beschäftigte und zum 15. Firmenjubiläum weit über 100. Der Fuhrpark wuchs mit der Zahl der Mitarbeiter.

Ein neues Kapitel wird mit der Gewinnung von Sand und Kies in der Grube zwischen Mun-Depot und Zückshut aufgeschlagen. Die Rekultivierung indes erfolgt mit Bauaushub, was sich über Jahrzehnte hinziehen sollte. Die Firmenentwicklung markieren stark ansteigende Wachstumskurven. „Wahnsinn", entfährt es dem Patriarchen im Rückblick, wenn er sich die Zahlen anschaut. „Des konnst got ned glaabn."

1978 der nächste Glücksfall: Die Einstellung eines Diplom-Ingenieurs (FH) erwies sich als Glücksgriff. Der Bischberger Hermann Pfister war nur Namensvetter, ansonsten nicht verwandt, dafür sehr fleißig und qualifiziert. Weil die Mitarbeiter mit ihren Autos das ganze Dorf zuparkten, wurden Überlegungen zum Aussiedeln konkret. Ein Gelände

Der erste Kanalbau erfolgte 1974 im Bereich „Erlein-Mittelstraße“ in Breitengüßbach.

war 1980 schnell ausgeguckt. Die landwirtschaftlichen Flächen im Westen von Hohengüßbach. Die 5,7 Hektar befanden sich schon im Eigentum der Familie Pfister und waren auch schon mal als Flugplatz in Betracht gezogen worden (was Jahrzehnte später in Form eines Hubschrauber-Landeplatzes nachgeholt werden sollte). Die ersten Flugplatzpläne hatten aber wegen der Nähe zum Mun-Depot in Breitengüßbach bei den Genehmigungsbehörden eine Bruchlandung erfahren.

Eine alte Kastanie an der Zufahrt zum neuen Betriebshof, die im Übrigen heute noch steht, hat Onkel Andreas Martin, der im Krieg 1942 fiel, anno 1935 gepflanzt. Das Kreuz davor stiftete die Brauerei Zeck aus Scheßlitz.

Wegen der Firmen-Expansionspläne hatte der Gemeinderat die Bauvoranfrage bereits befürwortet, das Landratsamt jedoch stellte sich quer – in Person des damaligen Landrats und dessen Dezernenten und Juristen. „Der Landrat war von Anfang an gegen mich." Aus naturschutzfachlicher Sicht sei das Vorhaben nicht umsetzbar, erklärten die beiden dem Bauherrn bei einem Ortstermin an einem Montag im Februar 1982. Die kategorische Ablehnung des Juristen brachte Pfister in Rage.

Was wiederum den Landrat aufbrachte, der vor Wut schäumte: „Du ghörst nein Sanatorium! Du bist doch irr, auf dieses schöne Land wird nicht gebaut, solange ich Landrat bin." Pfister entgegnete kurz und knapp: „Nächsta Wochn sind Sie kaa Landrat mehr, Herr Landrat.

Landrat vor Blamage

Pfister hatte einen Joker im Ärmel: Er drohte dem Landrat unverhohlen mit der Bekanntgabe gewisser Details über Verfehlungen des Parteifreundes. „Wenn ich bis zum Mittwoch ned den Brief mit mei Genehmigung hob, geh ich am Donnerstag beim Bauerntag in Schääz zum Grußwort nauf auf die Bühna und danach können Sie sich im ganzen Land nicht mehr sehn lassen", wurde Pfister deutlich. „Ich hob gädacht, der platzt." „Wenn ich des denna Bauern do drobn sooch, wos Du getan host, dann bis du weg."

Am Mittwoch kam die Genehmigung!

Beim Bauerntag (am Donnerstag) kam es dann zum erneuten Treffen, bei dem Baupläne keine Rolle mehr spielten. Doch Pfister konnte sich eine spitze Bemerkung nicht verkneifen. Der Landrat war damals eben von einer Kur – zusammen mit einer weiteren Bamberger Persönlichkeit – gekommen und hatte stark abgenommen. „Ich schau ihn mir so an und hob dann zu ihm gsocht: Sie hobn heut versprochen, sie wölln die Bauern helfen? Wo könna Sie denna Bauern helfen? Wenn Sie kaa Bier mehr saufen und nix mehr fressen, sie wärn ja immer dörrer, dann frecken auch die Bauern."

Auf dem Verhältnis zum Landrat lasteten Spannungen von Anfang an. „Der hot mich ned gemöcht und is von Anfang an gegen mich ganga." So macht ihn Pfister auch für eine Firmenkrise verantwortlich, die ihn 1983 an den Rand der Zahlungsunfähigkeit führte und geplante Projekte, wie den Kauf eines Geländes rund um einen Pferdestall am Hallstadter Börstig vereitelte. Ein Geldinstitut verweigerte mit ihrem Aufsichtsratsvorsitzenden einen Kredit und verlangte enorme Schuldzinsen. Dies obwohl die Unternehmer Sicherheiten vorweisen konnte und selbst auf die Bezahlung diverser Rechnungen (von Gemeinden) wartete. „Und der Landrat hot alla Bürgermastä angeschrieben, dass sie mir keine Aufträge mehr geben solln", gerät Pfister noch heute in Rage.

Ein Schicksalsjahr

1985 war ein Schicksalsjahr. Nicht nur, dass sich Widerstand in den eigenen Reihen breit machte, da ihn im CSU-Ortsverband ein Gegenspieler als Demagoge abkanzelte und „gegen mich gschossen hat". Bei

Alter Fendt mit 35 PS, weil die Leistung des Schnellläufers zu schwach war, kam es zum Neukauf und damit letztlich zur Firmengründung.

einer medizinischen Untersuchung wurde ein schnell wachsender bösartiger Lungentumor diagnostiziert.

Pfister erinnert sich noch genau an diese dramatischen Tage. Seine Ehefrau Luise weilte zur Kur, als ihn Schüttelfrost und Schmerzen überkamen. Deswegen fuhr er zwei Mal zum Allgemeinarzt nach Zapfendorf, der danach auch Hausbesuche abstattete. So auch am Samstag, als sich die Lage weiter verschlimmert hatte. Doch der Doktor beruhigte seinen Patienten: „Des vergeht schon wieder."

Am Sonntagmorgen lag Pfister in seinem Bett und konnte sich kaum noch bewegen. Da schnappte er sich das Telefon und rief seine Cousine Finnie in Breitengüßbach an, wer den Wochenend-Dienst habe. Zum Glück war es der Güßbacher Hausarzt, der eine Viertelstunde später in Hohengüßbach eintraf. „Der guckt mich an, schnappt sich gleich sei Telefon und bestellt an Sanka" für die Fahrt ins Bamberger Klinikum. Von der Fahrt weiß Pfister nichts mehr. Außer, dass er noch seine Zückshuter Fußballer auf dem Spielfeld gesehen zu haben glaubt, aber „danach wor ich weg". Und das so richtig.

Keine Überlebens-Chance

Im Klinikum wurden ihm keine Überlebens-Chancen mehr eingeräumt. Ein Doktor ließ ihn sogar schon in ein Sterbezimmer abschieben. „Der Mann ist tot." Nachts gegen 23 Uhr fiel einer Krankenschwester, die eben ein 16-jähriges Moped-Opfer dazugerollt hatte, beim abgedeckten Pfister aber schwache Vitalfunktionen auf. „Die Decken hot sich bewecht." Die Pflegerin hob das Tuch hoch und erkannte als gebürtige Breitengüßbacherin natürlich sofort den Pfister, aber auch dass er noch atmete. Sie informierte sofort den Arzt: „Mensch, der Mann lebt doch noch." Diese Details hat die Frau aus Breitengüßbach Georg Pfister erst zehn Jahre später geschildert. Zu diesem Zeitpunkt war sie selbst unheilbar krank und wollte ihr Geheimnis noch lüften, um ihr Seelenheil zu finden. Zuvor hatte sie sich nicht getraut, weil sie Nachteile am Arbeitsplatz befürchtete.

Aufgrund der wachsamen Krankenschwester wurde Pfister reanimiert und kehrte auf die Intensivstation zurück, wo er erst nach acht Tagen das Bewusstsein wiedererlangte. Nach drei, vier Wochen schien alles überstanden und ein Doktor spekulierte schon mit der Entlassung, als beim Abschluss-Röntgen ein Schatten auf der Lunge festgestellt wurde. Zunächst so groß wie ein Daumen. Es folgten eine Spiegelung und acht weitere Tage im Krankenhaus. „Die haben für Proben fürs Labor neigelangt und danach hot's gheißen: Keine Überlebens-Chance! Sie leben noch höchstens acht Wochen." Ein Tumor, bösartig, schnell wachsend.

Versuchskaninchen in Würzburg

Trotzdem wurde die Verlegung in eine Spezialklinik erwogen. „Miä rufen mol in Nürnberg und Erlangen an." Da dort keine Betten frei waren, kam der Hohengüßbacher nach Würzburg. Vier Wochen lang wurde er komplett durchleuchtet. „Geröngt, geröngt, geröngt! Blut abgenumma, Blutdruck gemessen, alles gemacht." Nach acht Wochen im Krankenhaus war die Lungenentzündung weg, aber der Tumor mittlerweile faustgroß. Auch die Würzburger Doktores, sechs Mann, darunter ein Arzt aus Eltmann, machten dem Patienten keine Hoffnungen. „Herr Pfister, Sie erleben ihren 50. Geburtstag nicht mehr. Sie haben keine acht Wochen mehr." Eine Einschätzung, die auch der Professor teilte.

Pfisters Erwiderung traut man ihm wirklich zu. „Ihr sechs Doktärn lebt scho lang nimmer, ist des Görchla nuch doo," wie Pfister trotz allerschlimmester Befürchtungen konterte.

Bauernhof verwettet

Und Pfister bot dem Chefmediziner sogar eine Wette ums Überleben an: „Ich wett' mein Bauernhof gegen Dein, dass des Görchla überlebt." Der Mediziner ließ sich auf das Wettangebot nicht ein, weil es schon daran scheiterte, dass er keinen Bauernhof sein Eigen nannte, was ihm Pfisters Mitleid einbrachte. „Du bist ein armer Professor, host ned amol aan Bauernhof."

Aber der Professor offenbarte einen Gegenvorschlag. Er schlug Pfister vor, ihn als Versuchspatient in eine bislang wenig erprobte Testreihe aufzunehmen. Eine Operation war wegen des schnellen Wachstums des Tumors nicht möglich, eine Transplantation auch nicht.

„Wir haben die Hoffnung, dass Sie mit Ihrer Konstitution den Krebs besiegen." Die Würzburger Ärzte attestierten dem fast 50-jährigen Nichtraucher und Alkoholverächter aus dem Bamberger Land eine „Verfassung wie ein 30-jähriger Hochleistungssportler". Was der Sportler unterstreicht. „Ich hob 132 Klimmzüge gemacht, 60 mit einer Hand. 22 Jahre Fußball beim SV Zückshut gespielt und war nie verletzt gewesen, hab auch nie eine draufgekriegt, weil ich zu schnell wor und den Braungurt im Judo habe ich auch gschafft."

Georg Pfister am 25. Dezember 1985 mit Tante und Cousine. Trotz der Chemo-Therapien hat er weder Humor noch Perücke verloren. Bei Fahrten auf Baustellen in der Bamberger US-Kasernen begrüßten ihn die Wachsoldaten stets als „Mr. Yul Brunner".

Die Versuchsreihe in Richtung Heilung barg so manche Gefahr. Was sich allein an der Tatsache ablesen lässt, dass „ich erst 20 Zettel lesen und nuch öfter unterschreiben musste und dann ein Schlauch rein bis zum Herz geschoben wurde, damit sie ihr Gift reinspritzen könna".

Pfister verbindet schlimme Erinnerungen mit dieser Chemotherapie. So erreichte der Katheder beim dritten Mal nicht das angepeilte Ziel, sondern einen Abzweig. „Herr Pfister, der is woanders hin," staunte der Professor – in Richtung Kopf. „Deswegen hob ich die Vermutung, dass ich seitdem gscheiter worn bin."

„Gift" eingeflößt

Die Infusionen selbst verbindet der Proband mit fürchterlichen Erfahrungen und Gefühlen. „Das Gift", das ihm eingeflößt wurde, bestand demnach erst aus einer Wasserlösung, dann folgten der silberne und danach der goldene Schuss. „Des wenn neilöfft, denkst, dich haut's um." Acht Tage lang, rund um die Uhr. „Ich konnte nicht mehr schlofen, nix mehr essen, nix mehr trinken und sollte 36 Tabletten von neun verschiedenen Sorten schlucken."

Also ein bisschen Wasser dazu. „Du musst was trinken! Pfister sonst gehst kaputt!" Kaum waren die Tabletten drinnen, kotzte er sie schon wieder aus. Bis in einem Gespräch die Rede auf Pfisters Vorliebe für Coca-Cola kam. Und das zeigte positive Wirkung, so dass Tochter Angelika den Patienten nach acht Tagen wieder abholen durfte. Zunächst erfolgte beim Hausarzt einmal die Woche das Messen der Leucozyten-Werte. Für den Fall, dass Dr. Bruhn nicht zur Verfügung stand, besuchte Pfister deswegen den Baunacher (Waidmanns-)Kollegen Mausolf. Aber beide war sich in einem Urteil einig. „Pfister, Du bist a Pelzicher."

Die Würzburger Spezialisten formulierten es etwas anders. Schon zur vierten Chemotherapie im November stellte der Professor fest: „Unsere Behandlung schlägt an, der Tumor ist nicht mehr gewachsen." Doch die Leiden waren damit längst nicht beendet. „Die hobn mir wieder des Gift nei." Und wieder waren die Qualen kaum zu ertragen. Die Schmerzen wurden so schlimm, dass er den Oberarzt riefen ließ und dem drohte. „Herr Doktä, ich halt's nimmer aus, ich spring ausm Fenster (4. Stock). Ich halt's nimmer aus, gibt's denn doo kaa Mittel?"

Also wurde zur Mitternachtsstunde auch noch der Professor konsultiert. Selbe Klage, selbe Drohung, neuer Ansatz. Es wurde ein anderes Mittel ausprobiert, verbunden mit dem Hinweis, dass sich Pfister ja zur Teilnahme an der Testreihe bereit erklärt habe. „Sie sind Versuchspatient, sie müssen das durchhalten."

Und das Versuchskaninchen bereute seine vielen Unterschriften nicht. Die nächsten Tage fühlte sich Pfister „pudelwohl" – nix mehr speiübel.

Sieg über den Krebs

Wieder ging es nach Hause, um wenige Wochen später erneut zur Therapie nach Würzburg zurückzukehren. Es war kurz vor Weihnachten, da sich ein Wunder abzeichnete. Als der Oberarzt die ersten Röntgenbilder studierte, traute er zunächst seinen Augen nicht, schob einen Schlauch und eine Spiegelung nach. „Moment amol, ich seh' gar keinen Krebs mehr!"

Die erste Vermutung: der Apparat funktioniert nicht. Also wurde Pfister an ein anderes Gerät angeschlossen, aber „der fand nix". Deswegen wurde Pfister noch in dieser Nacht in einen Krankenwagen

Familiennachrichten

Georg Pfister

75 Jahre

zwischen Himmel und Erde

Ich sage herzlichen Dank:

- **meiner Frau Luise,**
  meinen Kindern
  Angelika mit Georg, **Manfred** mit Helga,
  Andrea mit Ludwig, **Siegfried** mit Angela,
  meinen Enkelkindern
  Manuel mit Sandra
  Sebastian mit Tanja und Urenkel Nico
  Maxi, Theresa, Evi, Johannes, Michael,
  Stefan und Hanna
  Eure Liebe und Geduld, Unterstützung und Rückhalt geben mir Kraft und Ausdauer für die Zukunft!
- den **vielen Gratulanten** an meinem Geburtstag und den **450 Gästen** meiner Feier. Ich habe mich über jeden Segenswunsch und alle Geschenke gefreut!
- für ihren **Besuch** bzw. für ihre **Grußworte:**
  Reiner Hoffmann
  Erster Bürgermeister von Breitengüßbach
  Dr. Günther Denzler
  Landrat und Bezirkstagspräsident
  Dr. Hans Michelbach MdB
  Vorsitzender der CSU-Mittelstandsvereinigung
  Thomas Silberhorn MdB
  Kreisvorsitzender der CSU Bamberg-Land
  Horst Eggers
  Hauptgeschäftsführer der
  Handwerkskammer für Oberfranken
  Dr. Helmuth Jungbauer, Herausgeber des FT
  sowie allen **Bürgermeistern, Kreis- und Gemeinderäten und Geschäftspartnern**
- **allen Helferinnen und Helfern,** die zum Gelingen meines Festes beigetragen haben, insbesondere:
  Brauerei Hummel, Merkendorf
  Partyservice Ludwig, Burgebrach
  Duo Melodie, Breitengüßbach
  Fußball-Abteilung/AH des TSV Breitengüßbach
- der **Tanzsport-Abteilung**/Erwachsene des TSV Breitengüßbach für Ihren Auftritt

Besonderer Dank gilt vor allem auch meinen **Mitarbeiterinnen und Mitarbeitern** für ihre Glückwunschanzeige zu meinem Geburtstag; ich habe mich sehr darüber gefreut!

Nochmals bekräftige ich meinen aufrichtigen Dank an alle Freunde, Weggefährten, Verwandte und Vereine, denn ihr großer Zuspruch ist für mich Ansporn, mein Leben auch weiterhin sinnvoll und zum Wohle aller, insbesondere meiner Familie, Firma und Mitarbeiter zu führen – so lange mir unser Schöpfer die Kraft und Gesundheit dazu schenkt.

Ihr/Euer

gepackt und in die Herzklinik in der Stadtmitte gebracht. Dort: Rein in den Röntgen-Saal und wieder war kein Tumor zu entdecken. Also ein nochmaliger Versuch mit einem anderen Apparat: Wieder negativ. Das gibt es doch nicht! „Der Krebs ist fort, verschwunden!"

„Eura Apparate sind kaputt", stellte sich der Patient auf die Seite der Zweifler. Also wurde noch ein Versuch unternommen.

Zurück im Stammhaus sollte die Chemo-Behandlung dennoch fortgesetzt werden. „Sie haben zugestimmt und unterschrieben." Also ließ Pfister die Prozedur ein fünftes Mal über sich ergehen. „Haut der das Gift wieder rein und mir is so schlecht worn", dass er nachts um 2 Uhr den Oberarzt holen ließ: „Ich halt des nimmer aus!" Der Mediziner verneinte aber die Idee eines Abbruchs. „Wir müssen das durchziehen." Pfister: „Ich hob gedacht, ich bring ihn um."

Vorträge in Uni-Kliniken

Und selbst eine sechste Chemo war für Januar noch geplant, weil so vereinbart. Als sich bei den Voruntersuchungen wieder keine Spur mehr von einem Geschwür fand, wollte der Pfister „gleich widdä haam". Nein, die Therapie wird fortgesetzt. Und danach stieg der Geheilte zum Vorzeige-Patient auf. Der Mann, der über den Krebs triumphiert hat. Bei Veranstaltungen an den Uni-Kliniken in Heidelberg, Ulm, Frankfurt und München erzählte Pfister vor jeweils über 100 Medizinstudenten in den Hörsälen seine Geschichte. „Die hobn mich dena Studenten vorgestellt, als der Mann, der den Krebs besiegt hat. Und ich hob in einem Vortrag in zehn Minuten erzählt, was alles passiert ist und die hobn mich angschaut als ob ich ein Geist wär', weil ich des alles überlebt hob. Und dänach war ich nie mehr krank."

Was nur bis 2018 stimmt, da er sich in Bad Neustadt einer Herzoperation unterziehen musste und By-Pässe gelegt wurden. Während seine Familien in diesen Wochen um das Schicksal des Ehemanns, Vaters und Opas bangte, brach der die Reha nach wenigen Tagen ab, weil ihm die Bewegungsstunden mit dem Werfen bunter Tücher zu blöd erschienen.

Und 2020 zollte auch sein Augenlicht dem Alter Tribut, da er sich mehrfach hat lasern lassen müssen.

FAMILIEN-CHRONIK

Pfisters Oma aus Windischschletten.

Urgroßmutter:
Anna Martin, geborene Schonath (1853–1935)

Großeltern:
Friedrich Hans (Hanla) und Anna, geborene Loch
Martin Andreas (verst. 1959) und Margarete, geborene Schauer aus Schweisdorf (verst. 1951)

Eltern:
Fritz Pfister, Windischletten, und Anna Pfister, Hohengüßbach, geborene Martin (verst. 1992);
Bruder Andreas Pfister (verstorben in Windischletten im November 2021)
Schwester Inge, Witwe in Giech

5. Oktober 1935: Georg Pfister kommt in Windischletten zur Welt;

10. Oktober 1944: Vater Friedrich stirbt nach Fallschirmabsprung;

familienchronik

Das Brautpaar anno 1956 mit Bräutla.

21. Januar 1956: Hochzeit mit Luise aus Zückshut, geborene Seibold (Foto oben). Zusammen mit ihr hat Georg 1971 in Handschachtung mit der Schaufel die Grube für den Hausbau ausgehoben: 14 Meter lang, 8 Meter breit, zwei Meter tief;

Georg Pfister mit seinem ersten Sohn Andreas, der 1957 noch vor dem 1. Geburtstag verstarb.

Mit Sohn Manfred am Ostermontag, 15. April 1963.

Oktober 1956: Geburt des ersten Sohnes Andreas, der am 19. Mai 1957 in den Armen des Vaters im Krankenhaus Bamberg nach einer Pocken-Reihenimpfung in Hohengüßbach verstarb. Damals erkrankten mehrere Kinder in Oberfranken nach einer solchen Impfung, was auch in einem Zeitungsartikel seinen Niederschlag fand. In einer bayernweiten Initiative setzte sich Pfister zusammen mit dem Vorsitzenden Vogelsang aus Augsburg für die Abschaffung der Impfpflicht ein, was 1976 letztlich zum Erfolg führte.

Februar 1959 Geburt von Tochter Angelika, jetzt verheiratete Betz;

Oktober 1960: Geburt von Sohn Manfred, jetzt Geschäftsführer;

Dezember 1962: Geburt von Tochter Andrea, jetzt verheiratete Hummel;

Dezember 1966: Geburt von Sohn Siegfried;

Es folgten bislang neun Enkel und sechs Urenkel.

Januar 1983: Diagnose Gehörsturz mit Gleichgewichtstörungen, die ein Laufen und Aufstehen unmöglich machten. Besuch im Schlaflabor in Ulm und Behandlung in Würzburg: „Da haben sie mich auf eine großes Rad gspannt mit drei Metern Durchmesser. Auf den Kopf gestellt und etwas ins Ohr getan und danach langsam gedreht und so langsam hab' ich dann wieder was ghört."

März 1985: Diagnose Lungenkrebs nach verschleppter Grippe und Lungenentzündung, trotz mehrfacher Besuche beim Hausarzt war die Lungenentzündung nicht erkannt worden. Der wuchernde Tumor wird als unheilbar eingestuft. Die Ärzte gaben ihm noch acht Wochen und auf einer Station war er schon ins Sterbezimmer geschoben worden;

Januar 2016: Diamantene Hochzeit, wozu Landrat Johann Kalb gratulierte;

September/Oktober 2018: 16 Tage auf Intensivstation in Herzklinik in Bad Neustadt, nach By-Pass-Operation geheilt;

Oktober 2020: Zum 85. Geburtstag gab es einen 61 Jahre alten Rolls Royce als Geschenk;

2021: Eiserne Hochzeit, wozu Ministerpräsident Dr. Markus Söder mit Bildband und Schreiben gratuliert, ebenso wie Landrat Johann Kalb, der trotz Corona-Vorgaben persönlich in Hohengüßbach mit Sympathie und Abstandswahrung gratuliert;

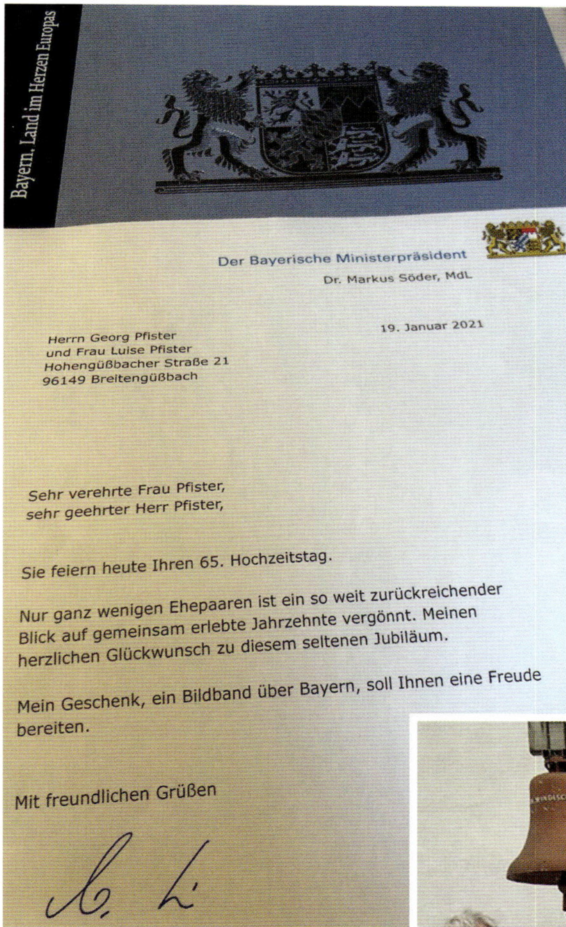

Bayern, Land im Herzen Europas

Der Bayerische Ministerpräsident
Dr. Markus Söder, MdL

Herrn Georg Pfister
und Frau Luise Pfister
Hohengüßbacher Straße 21
96149 Breitengüßbach

19. Januar 2021

Sehr verehrte Frau Pfister,
sehr geehrter Herr Pfister,

Sie feiern heute Ihren 65. Hochzeitstag.

Nur ganz wenigen Ehepaaren ist ein so weit zurückreichender Blick auf gemeinsam erlebte Jahrzehnte vergönnt. Meinen herzlichen Glückwunsch zu diesem seltenen Jubiläum.

Mein Geschenk, ein Bildband über Bayern, soll Ihnen eine Freude bereiten.

Mit freundlichen Grüßen

Ministerpräsident Dr. Markus Söder gratulierte dem Jubelpaar schriftlich, Landrat Johann Kalb kam persönlich, um seine Glückwünsche zur Eisernen Hochzeit zu übermitteln.

BERUFLICHE STATIONEN

Ab 1950: Landwirt in Hohengüßbach – dazu Imker, Schnapsbrenner, Melker (Kreissieger), Besuch der Berufsschule in Breitengüßbach

1953/54: Nach Lehre bei Paul Zahn, Breitengüßbach, Hausmetzger

Besuch der Obstbau-Schule in Bamberg unter Dr. Strawinsky (zusammen mit Otto Förner) mit Abschluss als staatlich geprüfter Obst- und Gartenbau-Wirt;

Kreismeister im Leistungsmelken

1955: Kreismeister im Leistungspflügen

Dritter bei nordbayerischer Meisterschaft

1960–1962: Einsatz im Rahmen der Flurbereinigung Hohengüßbach für ein Ingenieurbüro aus Hallstadt. „Bis nachts um Zwölfa gschobn. Da konnten die Leimershofer ned schlofen, die hobn zägor die Polizei gschickt, weil die Raupn hatten kaan Schalldämpfer und hobn mächtig geröhrt."

bis 1963: Täglicher Helfer bei Schmied Andreas Eberlein, Hohengüßbach

Ablegen sämtlicher Schweißer-Lehrgänge und -prüfungen an der Landesgewerbeanstalt (LGA) Nürnberg

sukzessive Umstellung des landwirtschaftlichen Betriebs auf Nebenerwerb

1964/65: Kran-, Raupen- und Baggerfahrer bei Firma Andreas Müller, Bamberg

1966/67: Bauarbeiter bei der Firma E. Heitkamp, Herne, und Besuch der Polierschule in Essen (Schleuse Bamberg-Bug, Autobahnbrücke bei Fulda/Alsfeld A7, Brückenbau nahe Frankfurter Flughafen): „Bei Fulda hob ich 500 Stunden gämacht jeden Monat. Ich hob mehr verdient wie der Polier."

1967–1969: Baggerführer und dann Vorarbeiter bei der Firma Hums Bamberg/Ebern: „Da habe ich das Kanalbauen gelernt."

1974: Anmeldung des Baggerbetriebs Pfister im Breitengüßbacher Rathaus

1995–2007: Privater Hubschrauber-Pilot beim Hohengüßbacher Flugdienst im eigenen Bell 206

Erwerb des Hubschrauber-Pilotenschein im Alter von 60 Jahren

Die erste Maschine des jungen Baggerbetriebs (1974).

FIRMENGESCHICHTE/ GROSSPROJEKTE

März 1974: Anmeldung des Baggerbetriebs Pfister bei der Gemeinde Breitengüßbach in einer Phase von Rezession, Arbeitslosigkeit und Ölkrise; Den Gesamtumsatz seit der Firmengründung schätzt Pfister mittlerweile auf einige hundert Millionen Euro. „Mei Fraa wor gegen die Firmengründung."

Juni 1974: Einstellung des ersten Mitarbeiters (aus Sassanfahrt; Ihm folgten als zweiter Baggerfahrer Michael Hoh sowie der Laderfahrer Georg Schmittschmitt (zu Bundeswehrzeiten in Ebern auch „Quadrat-Schmitt" genannt), beide aus Schweisdorf. Der erste Kanal wurde im September/Oktober 1974 in Breitengüßbach in der Weide verlegt;

1975: Eintragung ins Handelsregister als Georg Pfister Tiefbau GmbH beim Amtsgerichte Bamberg mit Georg Pfister als Geschäftsführer;

1976: Einstellung weiterer Mitarbeiter, Erweiterung des Fuhrparks, Jahresumsatz übersteigt die Millionen-Mark-Grenze, erster öffentlicher Auftragsgeber nach VOB war die Gemeinde Unteroberndorf (Sportplatz- und Kanalbau), Kies- und Sandabbau beginnt in der Grube Zückshut

(bis zu einer Tiefe von zwölf Metern), die später mit anfallendem Bauaushub und Erdreich wieder aufgefüllt werden;

1977: Die Firma zählt mittlerweile 25 Mitarbeiter und erreicht damit eine Größe, dass alle Aufträge zuverlässig ohne Subunternehmer abgewickelt werden;

1978: Einstellung des Diplom-Ingenieurs (FH) Hermann Pfister (nur Namensvetter, nicht verwandt);

1981/1982: Mittlerweile umfasst der Personalstamm 50 Beschäftigte

1982: Umsiedelung des Betriebssitzes von der Dorfmitte an den Ortsrand;

1983: Bau einer Betonmischanlage, Gründung des ersten Tochterunternehmens (Ausgliederung des Fuhrparks als eigenständiger Betrieb);

Finanzkrise aufgrund von Liquiditätsproblemen wegen der nachlässigen Zahlungsmoral mehrerer Großkunden/Gemeinden und einer Bank, die den Geldhahn zudrehte. 328.000 Mark Minus auf dem Konto standen fünf Millionen Mark an Außenständen gegenüber, drei Millionen davon von Gemeinden, die an die Bank abgetreten waren. Dennoch lag der (Schuld-)Zinssatz bei 22 Prozent und der Landrat, der auch als Aufsichtsratsvorsitzender fungierte, schrieb die Bürgermeister im Landkreis an, dass an die Firma Pfister keine Aufträge vergeben werden sollten. Damit platzte auch ein Auftrag über einen Kanalbau in Sambach, für den die Gemeinde zwei Jahre später laut Pfister 420.000 DM mehr als bei seinem Angebot zahlen musste.

1984: Beginn der Herstellung von Fertigschächten für den Kanalbau in Eigenregie, was Georg Pfister bis zum heutigen Tag als großen Vorteil mit Blick auf Bauzeiten und Kosten sieht.

1988: Gründung eines weiteren Tochterunternehmens (Grundstücks- und Immobilien-Management), Beginn mit Hochbau: Immobilien entstanden bis 1992 in Hallstadt (Seebachmarter, ehem. Freibank an der Lichtenfelser Straße und Hans-Wölfel-Straße), in Scheßlitz (30 Wohneinheiten anno 1997/1998) mit einem Gesamt-Investitionsvolumen von vielen Millionen, wovon viele als Eigentumswohnungen verkauft, der Rest vermietet wurden; In Bamberg entstanden auf dem Gelände einer einstigen Kohlenhandlung östlich der Bahnlinie in Uni-Nähe 50 Wohnungen in drei Häusern samt Tiefgarage an der Grafensteinstraße.

Ebenfalls eine Tiefgarage mit 50 Stellplätzen verbirgt sich unter den Blocks in der Seebachmarter. Die Oberkante der Tiefgarage liegt einen Meter unter dem Grundwasserspiegel des nahen „Seebächlas", wie die Hallstadter sagen. Deshalb erfolgte die Ausführung mit wasserdichtem Beton;

Beginn des Baues von Wasserleitungen

1990: Bau eines großen Rückstaukanals in der Bamberger Ludwigstraße (Kostenvolumen für 350 Meter: Fünf Millionen D-Mark); Mit einem Durchmesser von 3,45 Metern, einer Länge von 3,70 Meter sowie einem Gewicht von 25 Tonnen je Rohr waren dies die größten Rohre, die je in

Georg Pfister (rechts) in Riesen-Kanalrohr, u.a. mit BayWa-Geschäftsführer Günter Schuster (links).

Baugebiet Seebachmarter im Hallstadter Süden.

Mit den Söhnen Siegfried und Manfred sowie Enkel Manuel (von links).

Bamberg verlegt worden waren (siehe Bild). Die Rohre waren über die Baywa bestellt und auf der Autobahn von Kehl/Rhein her angeliefert worden. Zum Einbau hatte die Pfister Tierbau einen Spezialbagger angemietet, was 140.000 D-Mark kostete.

Kauf des Grundstückes an der Seebachmarter in Hallstadt;

Nach Zückshut wird in Unterleiterbach eine zweite Kiesgrube in Betrieb genommen;

1991: Besuch beim japanischen Baumaschinen-Herstellers Komatsu in Kyoto/Japan auf Einladung der Bamberger Firma Sponsel;

1994: Halbautomatische Fertigung für Schachtteile von Kanälen wird fertiggestellt (zusammen mit einem Maschinenbau-Ingenieur von Georg Pfister entwickelt). Die eigene Schachthalle ermöglicht die Herstellung von Schächten bis 40–50 Tonnen und sorgt für große Flexibilität bei komplexen Lösungen oder Anpassungen. Große Einsparungen haben sich laut Senior-Chef gegenüber einem (Fremd-)Einkauf ergeben. „Und wenn etwas nicht passt, wird es bis zum nächsten Morgen gerichtet. Ansonsten müssten wir 14 Tage darauf warten.“ Für Schachthalle und Betriebshof zeichnet Sohn Siegfried verantwortlich. Es werden Abgabe- und Lüftungsschächte bis zu einem Gewicht von 45 Tonnen gegossen.

Mittlerweile sind 70 Mitarbeiter beschäftigt;

20. Firmenjubiläum mit 15.000 Besuchern auf dem 25.000 Quadratmeter großen Betriebshof und Wirtschafts-Staatssekretär Hans Spitzner als Festredner.

1995: Georg Pfister macht mit 60 Jahren den Hubschrauber-Pilotenschein. Als weitere Tochtergesellschaft geht der „Hohengüßbacher Flugdienst" an den Start; Der „Bell Jetranger 206/2" steigt für Rund- und Foto-Flüge auf, aber auch zu Baustellenbesichtigungen (auch solcher der Konkurrenz);

Übernahme der Tiefbauabteilung der Firma Schmittinger, Scheßlitz;

1996: Kanalbau in der Bamberger Hafenstraße (7,2 Millionen D-Mark)

Erschließung von 33 Hektar Bauland als Wohngebiet für 3000 Einwohner in Baiersdorf/Mittelfranken (acht Millionen D-Mark);

1997/1998 Bau einer Kanaldruckleitung im Bamberger Hafengebiet mit einer Länge von fast zwei Kilometern in bis zu acht Meter Tiefe (7,1 Millionen D-Mark);

Kostenlose Bodenarbeiten zum Bau des Hospizhauses Bamberg;

1998: Verwaltung und Planungsbüro ziehen in den Betriebshof ein, wo auch Sozialräume entstehen. Sämtliche Gebäude haben die beiden Söhne Manfred und Siegfried geplant und in Eigenleistung errichtet. Damit sind alle strategischen Abteilungen auf dem über 35.000 Quadratmeter großen Firmenareal vereint.

1999: Übergabe einer 25.000-Mark-Spende an die Deutsche Krebshilfe;

Übernahme der Eltmanner Firmen MKS und RSK und deren 130 Hektar großen Areals bei Trunstadt/ Roßstadt für eine Summe von 1,5 Millionen D-Mark (samt der geschätzten Entsorgungskosten) vom Coburger Insolvenzverwalter, ein Verfahren rund um die einst größte Kiesanlage Oberfrankens, das sich über Jahrzehnte hinzieht und mit dem Abtransport belasteten Erdreichs auf die Kreismüll-Deponie Wonfurt begann sowie der Verpflichtung, die ausgebeuteten Kiesgruben mit mindestens zwei Millionen Kubikmeter Erdreich zu verfüllen und zu rekultivieren. Die Zerschlagung bzw. Aufteilung nach der Insolvenz der Vorbesitzer-Firma wird dadurch verhindert, die Idee eines Freizeitparks geboren.

25 Jahre
1999
Tiefbau Pfister
KREISSPARKASSE BAMBERG
DM 25.000,-
fünfundzwanzigtausend
Breitengüßbach
18.11.1999
Deutsche Krebshilfe

Tiefbau Pfister
MAINACKER KIESWERK TRUNSTADT
Beckenbauer

Damit einher gingen Unmengen an behördlichen Abstimmungen sowie juristische Abklärungen. Zudem sind einige Seen noch aufzufüllen, um die Wasserfläche zu verringern. Rund eine Million Kubikmeter sind dazu notwendig.

Bis 2021 lagen die Aufwendungen bei mehreren Millionen Euro. Bestehende Hallen wurden abgebrochen – der Beton-Beißer hat seine Zähne angesetzt – Zäune zu Nachbargrundstücken, wie zu einem Mitunternehmer und einem Anglerverein hochgezogen. 100 Tonnen Schrott warten noch auf ihre Verwertung. „Wir haben das 1999 gekauft, 2001 reifte die Idee, ein Freizeitland zu schaffen." Zu diesem Zeitpunkt waren 100.000 Kubikmeter belastetes Erdreich auf die Kreisdeponie nach Wonfurt abgefahren. „Bis dahin sind diese Menschen in ihren weißen Ganzkörper-Mäntelchen dort rumghüpft. Wir hatten gedacht, in fünf Jahren so weit zu sein, den Badestrand und den Yachthafen zu öffnen." Die Leitungen sind alle verlegt bis auf den Lückenschluss von einem Kilometer für das Schmutzwasser zur nächsten Kläranlage.

Stattdessen gelte für 40 Hektar ein Betretungs- und Angelverbot. Gerne sähe Pfister lieber pragmatische Vorgehensweisen. „Teilgenehmigungen könnten längst erteilt sein." Als Beispiel, dass der Amtsschimmel wiehert, berichtet er von seinen Erfahrungen mit der Genehmigung einer Eigenjagd. „Das ist ab 84 Hektar möglich, wir haben sogar 130 Hektar. Aber 15 Johr long wurde uns des verwehrt. Dann kam ein neuer, junger Sachbearbeiter, der holte die Akte von ganz unten aus dem Stoß heraus und hot versprochen: In einem Viertel Johr habt ihr die Genehmigung." Was passierte, eine Jagderlaubnis auf einer Fläche von 130 Hektar.

1999: 25. Firmenjubiläum mit tausenden Besucher am Tag der offenen Tür, wozu Handwerkskammer-Präsident Kaspar Reinfelder gratulierte und den Goldenen Meisterbrief überreichte; Der Maschinenpark umfasst 21 Bagger mit unterschiedlichen Traglasten, 15 Radlader, Raupen, Walzen, Verdichtungsgeräte, 15 Lkws für Zuladungen von 2,5 bis 25 Tonnen, 3 Muldenkipper, 1 Tieflader und 15 Mannschaftsbusse. Auch eine eigene Kfz-Werkstatt gehört dazu.

Erschließung des Gewerbegebietes Stegaurach

Kreishandwerksmeister Kaspar Reinfelder übergibt die Ehrenurkunde zum 25. Betriebsjubiläum.

2000: Formaljuristische Aufteilung der Firmengruppe auf die Söhne Manfred und Siegfried;

Bau des Waldstadions für TSV und Gemeinde Breitengüßbach, kostenfrei. Im Gegenzug erhält die Tiefbaufirma den Sand unter dem Waldboden;

Erdarbeiten für das neue Bosch-Werk am Börstig

2004: Bau des Kanals im Gewerbepark Buttenheim;

30-jähriges Firmenbestehen mit Staatssekretär Jürgen W. Heike als Ehrengast;

2006: Kanal-, Wasserleitung- und Straßenbau im Lichtenfelser Stadtteil Isling;

Auszeichnung mit Urkunde für kooperativen Umweltschutz im Rahmen des Umweltpaktes Bayern durch Staatsminister Dr. Werner Schnappauf (Umweltministerium) und Regierungspräsident Hans Angerer;

2007: Ende mit dem Bau von Immobilien;

2008: Austausch des Mischwasserkanals in Gaustadt samt Neubau von Regenentlastungsbecken und Vorflutkanal (Stadt Bamberg)

2009: Beginn der Arbeiten im Freizeitland Pfister zwischen Trunstadt und Roßstadt (jetzt: Pfisters Paradies);

Bau der Regen- und Schmutzwasser-Kanäle in Ortschaften Altenbanz, Püchitz und Stadel (Stadt Bad Staffelstein), Beginn der Ortskern- Sanierung in Memmelsdorf/Ofr.

Beginn der Arbeiten auf dem Erba-Gelände in Bamberg-Gaustadt, wo 2012 die Landesgartenschau stattfand; Über 100.000 Kubikmeter Erdreich wurden dort bewegt, 8000 Quadratmeter Abdichtungsmatten ausgelegt, 1500 Tonnen Fluss-Bausteine als Uferbefestigung gesetzt;

2012: Hochwasser-Freilegung Hauptsmoorwald im Osten Bambergs (Gesamtkosten: 4,5 Million Euro)

2013 Kauf von sieben Hektar Verfüllfläche in der Gemarkung Ebing (Marktgemeinde Rattelsdorf), westlich des Güßbacher Bade-Bagger-

sees als Bodendeponie (Fassungsvermögen: einige hunderttausend Kubikmeter). Zwei Hektar sind schon wieder angesät, der Rest wird noch aufgefüllt, wobei 5 Meter über dem Wasserspiegel geblieben werden muss;

Erweiterung des Gewerbegebietes Scheßlitz-Ost;

Renaturierung des Lichtenfelser Wörthsees;

2014: Kanalbau in der Hallstadter Straße in Bamberg mit Stahlbetonrohren, deren Innendurchmesser zwei Meter beträgt und die 14 Tonnen wiegen;

40. Firmen-Jubiläum mit Festredner und Staatssekretär Gerhard Eck, CSU; Die Firma hat 70 Mitarbeiter und der Fuhrpark umfasst 30 Bagger, 15 Laster und 20 Radlader;

2019: Kanalbau bei Umgestaltung des Marktplatzes/Innenstadtbereich von Hallstadt;

Der Gesamtgewinn der Firma hatte sich im Verlauf der Jahrzehnte positiv entwickelt. Laut dem Senior-Chef hat der Firmen-Steuerberater Rudi Ziegler dies nicht für möglich gehalten. „Der hat deswegen wochenlang alle Zahlen nochmals nachgerechnet. Normal ist des ned möglich." Einen Grund dafür sieht Pfister im „geringen Verwaltungsanteil".

2020: Umgestaltung der Schulsportanlage in Breitengüßbach;

Erschließung des Gewerbegebietes „Brandäcker" in Scheßlitz, zweiter Bauabschnitt (80 000 Quadratmeter);

2021: Subunternehmer beim Ausbau der ICE-Strecke zwischen Breitengüßbach und Hallstadt als letztes Verkehrsprojekt der deutschen Wiedervereinigung (VDE 8);

Bau einer Kanalverbindung zwischen den Kläranlagen Scheßlitz und Giech;

Bau der Kanalleitung Frauendorf – Stublang;

Bau der Kanalleitung Sassendorf – Lauf;

Erdaushub-Arbeiten beim Umbau der ehemaligen Lagarde-Kaserne in Bamberg: 15.000 Kubikmeter, wozu ein Fuhrpark von Riesenmaschinen für vier Wochen im Einsatz war. Die Erdmassen landeten je nach Grad der Dekontamination auf der Deponie in Zückshut, in Lettenreuth, Untersiemau oder in Chemnitz (schwer belastetes Material);

2022: Auch mit 87 Jahren besucht der Senior-Chef noch jeden Tag jede seiner Baustellen. „Heute Vormittag schon wieder 300 km gforhn", erzählt bei einem Treffen am Nachmittag und lobt die Belegschaft: „Jeda Firma ist nur so gut wie ihra Mitarbeiter." Da war er schon in Hirschaid gewesen (Durchpressen von Wasserleitung und Kanal unter der bald viergleisigen ICE-Strecke), Rattelsdorf (Kanal und Wasser), Scheßlitz (Sammlerbau) und Breitengüßbach (Erschließung des Baugebietes Am Schützenhaus 2). Und „Wir haben schon Aufträge bis ins nächste Jahr" – der hohen Inflation, der Energiekrise und des Materialmangels zum Trotz.

In der Bamberger US-Kaserne war die Firma Pfister mehrfach beschäftigt, so auch aktuell bei der Konversion zum Wohnquartier.

ANEKDOTEN AUS DEM BERUFSLEBEN

Kanäle in über 430 Ortschaften hat Pfisters Firma bereits verlegt. Die weiteste Baustelle befand sich in Nürnberg (Gasleitung unterhalb von Schuttberg am Fernsehturm). „Kestel, jetzt müssen wir bis auf Nürnberch nei, bloß weil die andern ned so billich sin", hatte der Senior-Chef einst beim Plausch an der Tankstelle dem Autoren dieser Biografie erzählt, als er seinen Tank mit Sprit und den Kofferraum mit Süßigkeiten auffüllte: „In manchen Dörfern sogn die Kinnä Herr Duplo zu miä."

Schlitzohr am Hörrohr: Als Georg Pfister einen Ingenieur und Kreistagskollegen sprechen wollte, rief er in dessen Büro in Bamberg an, um sein baldiges Erscheinen anzukündigen. Diese Begegnung kam dem Planer zu diesem Zeitpunkt aber nicht gelegen und er wies seine Sekretärin an, den Pfister abzuwimmeln. „Sag ihm, ich muss gleich weg." Der Pfister hakte aber nach: „Wann muss er weg, in zehn Minuten? Ich bin gleich da." Der Schorsch hatte vom Autotelefon aus angerufen und parkte bereits vor der Bürotür. Die Ausrede und der Fluchtversuch waren vergebens. Eine Planung dieses Ingenieurbüros setzte die Firma Pfister beim Bau einer Gußleitung für den Kanal von Unter- nach

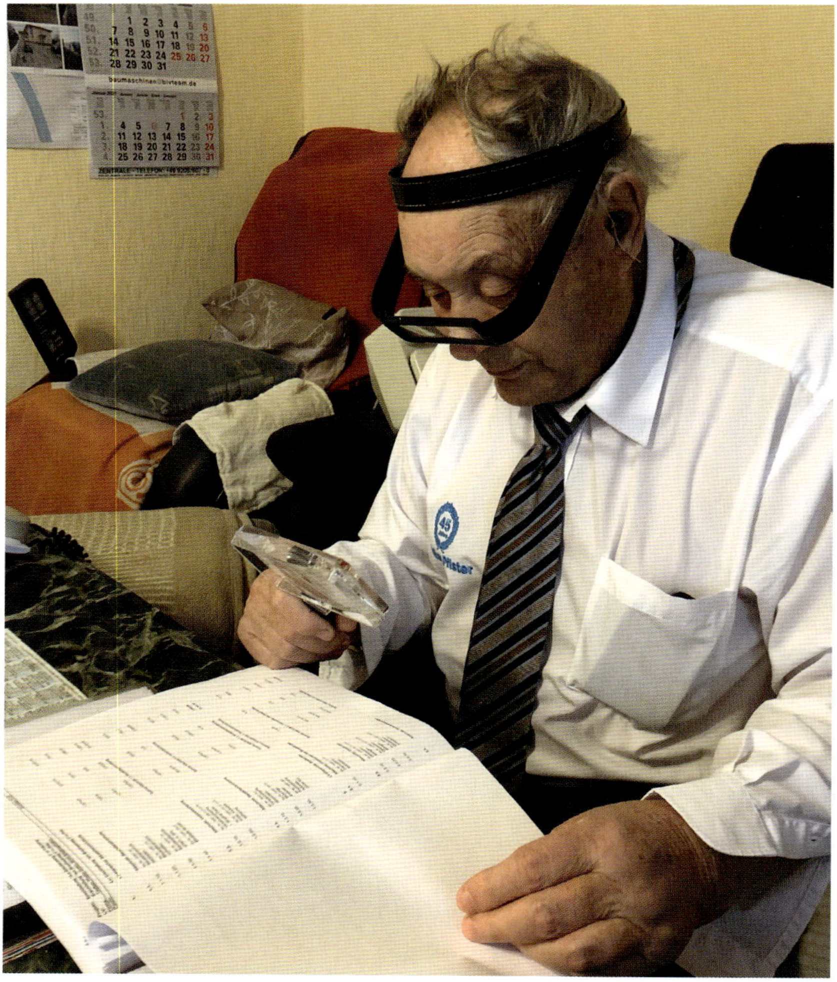

Beim Ausfüllen und Studium der Leistungsverzeichnisse wird genau hingeschaut mit einer Leserbrille, die über einen Arzt bezogen wurde (plus Lupe).

Oberhaid um: 1200 Meter für 370.000 D-Mark. Der nächste Bieter war 70.000 Mark teurer und meldete Zweifel an der Rechtschaffenheit des Angebots an. „Pfister, do hobt ihr aber recht neigelangt", meinte der Ingenieur. Der Geo machte die Gegenrechnung auf: „Dafür brauch' ich kaa fünf Tooch." Dies hielt der Ingenieur für unmöglich. Und Pfister hielt ihm entgegen: „Du bist a Ingenieur und ich a dummer Bauer, aber ich waaß, wie's geht und du ned." Sie wetteten 10.000 Mark darauf, ob dies in fünf Tagen nicht zu schaffen sei. Der Pfister schlägt sofort ein, Handschlag drauf. Nach 14 Tagen erfolgte das Abstecken, danach ein

Kraftakt, den Pfister so schildert: „Um 7 Uhr kam der erste Lader am alten Hüttla der Kläranlage in Unterhaid. Und hat die 1200 Meter den Humus auf zwei Meter Breitn abgschobn. Um Neuna kamen drei Sattelzüch, jeder 400 Meter Gußrohr drauf. Drei Bagger worn dort und hobn die Rohre auf der gesamten Läng' abgelegt. Mittag um Aans haben wir das Ausbaggern angfangt."

Sieben Bagger waren im Einsatz: Einer hat den Dreck aus zwei Metern Tiefe auf Seite geworfen. Sand lauter Sand, keine Böschung. Ein Bagger hob nur aus, der zweite hievte das Rohr herbei, im Graben waren zwei Mann, die die Rohre einpassten, es folgte ein Bagger, der bis auf einen Meter Höhe den Graben über den Rohren wieder auffüllte. Der nächste Bagger verlegte mit einer Kabeltrommel eine Leitung und ein weiterer Bagger erledigte das restliche Auffüllen. Und dahinter ein Lader, der alles abschob. „Am Dienstag schreib ich eine Rechnung als Abschlagsrechnung zugleich Schlussrechnung und hab die 370.000 Mark wie im Leistungsverzeichnis gleich reingschriebn. Kein Aufmaß, gornix. Am Mittwochfrüh ruft mich der Ingenieur früh um Zehna an: „Pfister, dass Du a Schlack bist, hob ich gewisst, aber Du bist doch kein Zauberer." Der Planer insistierte: „Du spinnst doch, des ist doch schon die volle Rechnung. Du host doch erst am Montagmittag des Legen angfangt. Ich loss mich doch ned verarschen." Darauf machte ihm Pfister den Vorschlag, gemeinsam die Baustelle zu inspizieren.

Um 14 Uhr selbigen Tages erfolgte das Treffen. Pfister zeigte dem Ingenieur ein rotes Kantholz. „Da liegt der letzta Rohr." Der Planer schmunzelte: „Da ist noch nicht einmal der Humus hunten. Wo sind denn dei Leut'?" „Die sind um Zehna fort, weil sie fertig sin." Kommt der Gemeindearbeiter vorbei und bestätigt den Abschluss der Arbeiten. „Des gibt's doch ned?", zweifelte er immer noch, um sich einen spitzbübischen Kommentar einzufangen: „Ich hob ned studiert. Das war mein Glück. Ich weiß, wie Arbät geht und weiß, wos ich kann und wos ich mach." Der Ingenieur schüttelte nur den Kopf: „Du bist doch a Zauberer. Jetzt host Du in dera kurzn Zeit so viel Geld verdient." Und die Wette war auch noch gewonnen.

Modernstes Gerät: Ein 100-Tonnen-Riesenbagger kam beim Kanalbau in der Bamberger Ludwigstraße zum Einsatz. Das Gerät war angemietet worden für 140.000 D-Mark. „Und damit hab' ich viel Geld verdient in dreieinhalb Monät mit elf Mann. Und die Stadt hat durch das Nebenangebot mit Spezialverbau, was keiner gekennt hot, weil die1 nur in ihra Büros höcken, aan Haufen Geld gespart."

Mit regelmäßigen Besuchen von Fachmessen, wie der Bauma, informierte sich Georg Pfister über technische Neuigkeiten.

Wolkenkratzer „Ich wor schon immer schwindelfrei!" Was Georg Pfister immer wieder unter Beweis stellte. So auch als Kranführer bei der Firma Heitkamp, die im Zuge des Autobahnbaues der A7 bei Fulda eine Brücke erstellte. „Rund um die Uhr." Der Kran war auf einem 50 Meter hohen Pfeiler angebracht und „ich hob in über 70 Meter Höhe rausgemüsst" aus seinem Kranführer-Kabäuschen. Was war passiert? Heftiger Wind hatte den Endschalter aufgewirbelt, der sich dabei an der Spitze des Kranauslegers verfangen hatte. Da Spezialbeton für den Pfeilerbau notwendig war, herrschte Zeitdruck. „Damit können wir nicht länger als eine Stunde aussetzen. Pfister, Du musst raus!" lautete die Order, die vom Bodenpersonal in die Kabine gefunkt wurde. Also wühlte der Befohlene im Werkzeugkasten und schaut nach, was ihm dienlich sein könnte. So auch ein Zimmermannshaken und ein gebogenes 12er-Eisen, das er sich neben Schraubschlüsseln und – ziehern anhängte.

Und so krabbelte er los. Der Greiferarm war zunächst zwei Meter breit, wurde nach oben hin aber immer schmäler. „Des wor kaa normaler Laufkasten, sondern a Nadelausleger. So bin ich in 71 Meter Höhe da naus, soweit es ging und vorn an der Spitzn hot des geschwankt zwaa Meter rüber und nüber vom Wind. Trotzdem bin ich ich ned rankumma. Wechä die Seile.“ Zum Glück hatte er sein Eisen bei der Hand mit dem Haken schlug er mehrfach gegen die Verhedderung. „Und plötzlich schnalzt der Endschalter wieder runter.“

Eine Viertelstunde hing er da in den Seilen. Der Abstieg nachts um 1 Uhr dauerte eine halbe Stunde. „Rückwärts finsterlich runter.“ Schritt für Schritt. In seiner Kabine wieder angelangt, war er teerverschmiert von den Drahtseilen. Der halsbrecherische Wagemut wurde belohnt. „Ich habe ich eine extra Prämie bekommen.“ Und einen Leckerbissen. Im Quartier in der Schule von Döllbach spendierte der Italiener Sestolucci einen luftgetrockneten Schinken, den er vom Weihnachtsurlaub aus der Heimat mitgebracht hatte. „So was Gutes hob ich nuch ned gessen ghobt.“

Höhenflieger: Gedanklich schwebt(e) Georg Pfister immer wieder in höheren Gefilden und fühlt sich zu höheren Aufgaben berufen. Doch wie kommt ein 60-Jähriger, der schon einmal einen Flugplatz bauen wollte und dessen Vater im Krieg bei einem Fallschirmabsprung zu Tode kam, auf die Idee den Pilotenschein zu machen? Für Pfister war der Gedanke gar nicht so abwegig. Bei einem Sonntagsausflug mit Ehefrau Luise in den Steinbrüchen in der Fränkischen Schweiz entdeckten sie eine Gelegenheit zu Hubschrauber-Rundflügen. „Und mei Frau wollte da unbedingt mitfliegen.“ Den nächsten Impuls setzte ein Bauunternehmer aus der Oberpfalz. Bei dem hatte sich die Pfister-Gruppe für den Bau der Wasser- und Kanalleitung nach Zückshut eine Fräse geliehen. Und der flog mit einem Helikopter nach Zückshut ein und dann auch noch mit Sohn Siegfried zum Lagerplatz, was den schwer beeindruckte. „Der Siggi hot gsocht, wenn sich der mit seiner Firma mit 17 Leut’ des leisten kann, dann wir mit 70 Beschäftigten auch.“

Mit der Umsetzung wurde nicht lange gezögert. 1994 ging es zum Gesundheits-Check nach Nürnberg, wo „die nicht einmal mehr feststellten, dass ich zehn Jahre vorher einen Lungenkrebs überstanden hatte“. Von August bis Dezember 1995 folgte in Ascholding, einem Gemeindeteil von Dietramszell nahe München, die Ausbildung. Dabei mussten Strömungslehre, Mechanik, Thermik und Konstruktionslehre gepaukt und 120 Flugstunden absolviert werden, ehe die Prüfung zum Abschluss erfolgreich absolviert wurde und Pfister wie auch Sohn

Die beiden Hubschrauber-Piloten: Siggi und Georg Pfister

Siegfried den Pilotenschein für Helikopter erhielten. Die Spontan-Idee sorgte für einen neuen Zweig in der Unternehmensgruppe, kostete zunächst aber auch einige Millionen. Für den Kundendienst musste der Helikopter stets nach Baden-Baden geflogen werden, ein Monteur flog ein bis zwei Mal im Jahr ein. Hinzu kamen Probleme mit den Anträgen auf Außenlandungen, was in einem Fall sogar das Amtsgericht in Bamberg beschäftigte.

Letztlich kam der Vater auf mehr Flugstunden als der Sohn. Zu den Flug-Kunden zählten Fernsehteams, Fotoreporter, aber auch Firmengruppen und Familien. Des Weiteren wurde damit auch die stets die Baustellen abgeflogen, um den Baufortschritt zu beobachten (auch solche der Konkurrenz).

Dabei hätte die Fliegerei gleich zu Beginn in einem Desaster enden können. Denn als der Chef der Flugschule zusammen mit seinem Piloten bei den Pfisters einflog, um sie zum Abholen des eigenen Helikopters mitzunehmen, hätten sie einen Passagier beinahe verloren. Der Schorsch hatte es wohl zu eilig gehabt oder war zu aufgeregt, als er rechts außen hinter dem Piloten Platz nahm, um ihn beim Bedienen der Instrumente zu beobachten. Das Angurten hatte er vergessen und wohl auch nicht bemerkt, dass die Tür nicht richtig eingerastet war. Denn als der Hubschrauber abhob und der Pilot in einer Höhe von 40, 50 Meter einen Schwenk machte, kam es zu einer brenzligen Situation: „Die Tür saust auf und ich flieg naus und konnte mich gerade noch mit beiden Händen an einer Stahlhalterung festhalten und flatterte wie ein Wimpel in der Luft.“ Der danebensitzende Pilot erwischte Georg Pfister noch am Gürtel. Als der Helikopter wieder in die Waagrechte gelangte, kam der Pfister mit seinen Füßen auf der Kufe zu stehen und „dann bin ich halt wieder reingekrabbelt“.

Dem Tode von der Schippe gesprungen: Einen schweren Sturz in acht Meter Tiefe hatte Georg Pfister zu diesem Zeitpunkt schon vergleichsweise glimpflich überstanden, damit aber für einen Aufstand im Klinikum gesorgt. So strauchelte er 1996 auf einer Baustelle in der Sutte in Bamberg und fiel acht Meter in die Tiefe auf Beton, als er am Rande des Grabens stehend wegen eines schwenkenden Baggerarmes zurückweichen wollte. Der Graben war gespundet, 20 Meter lang und sechs Meter breit. Es sollten mit einem Schneidbrenner Eisenträger abgeschnitten werden, um die Schalung herauszuziehen. „Deswechä wollt ich doo neischaua. Und denk’ mir: Gehst aweng auf Seiten und bums flieg ich runter:“ Drei Mitarbeiter, die mit dem Verfüllen und Verdichten beschäftigt gewesen waren, verfolgten das tragische Geschehen. „Ich klatsch’ auf und hob im ersten Moment kaa Luft kriecht und die schreien Hilfe: Hilfe! Hilfe! Sanka, Sanka!“ Als der Pfister doch etwas Luft bekam, richtete er sich auf: „Seid Ihr blöd? Ich brauch kaan Sanka.“ Pfister krabbelte an den Querträgern wieder nach oben, schnappte sich den Schweißapparat mit dem 20 Meter langen Schlauch, hat eine Strunde lang die Schwerträger mit dem Schneidbrenner abgeschnitten. „Alles mit Schlips. Denn das war ein Samstag und aus der Werkstatt sonst keiner weiter da.“ Als die Arbeit beendet war, machte sich die

Prellung doch bemerkbar. „Ich hab schon ein bisschen einen Schmerz gespürt." Also setzt sich der Pfister ins Auto und fährt sich selbst ins Krankenhaus. Um die Mittagszeit. „Geh doo nei und schrei: Ich muss geröngt wärn!" Aber die Schwester wollte zunächst seine Personalien aufnehmen. „Mei Noma geht Dich nix an, ich muss geröngt werden", gab der Verletzte hemdsärmelig an. Zum Glück absolvierte der Bruder seines Ingenieurs Hermann zu dieser Zeit ein Praktikum im Krankenhaus. „Hey Pfister, wos schreist Du do rum?" Als ihm der Verunglückte erzählte, was geschehen war, ging's flott. „Hopp, geh mit." Schnell wurde festgestellt, dass nichts gebrochen war.

Schon zuvor hatte Pfister mehrmals mit dem Sensenmann „geflirtet": Als Baggerführer bei der Firma Hums war Pfister 1967 an den Weihern in Weingartsgreuth im Einsatz. Neben einem Weiher befand sich ein Holzstoß von drei Metern Höhe. Und obendrauf ein Stromkabel mit Stecker. Da hieß ihn der Capo (ein Roßdorfer): „Geo, kletter' mol da nauf und steck' den Stecker nei, die wölln die Wasserpumpen hinten einschalten." „Ja, ich mach des!" Die Kollegen nahmen derweil im Bauwagen zur Brotzeit Platz. Als der Geo nicht nachkam, wunderten sie sich und schauten sich draußen um: Sie fanden den Kollegen am Boden liegend. „Die Bauern mit ihra breiten Stecker. Der Stecker war verkehrt rum und ich hob voll nein Strom gelangt und hob aan Schlag gkriecht, dass michs runterghaut hot." Für einige Zeit hatte er alle Sinne verloren.

„Pfennigfuchser“: Bei der Ausschreibung Wasserleitung von Vorra nach Unterharnsbach (vier Kilometer an der Flurbereinigungsstraße entlang) bekam die Firma den Zuschlag, weil sie 200.000 D-Mark günstiger war als der nächste Bieter. Dazu Georg Pfister: „Fließsand war ausgeschrieben, hob ich 1 Pfennig neigeschriebn, Spundung war vorgäbn, hob ich an Pfennig neigsetzt.“ Der schlaue Fuchs als Pfennigfuchser. Trotz der erheblichen Bedenken des Ingenieurs von einer Planungsgruppe setzte Pfister seine Idee um und verabredete sich mit dem Planer für 14 Tage später. „Bei einem Graben mit vier Metern Breite und bei zwei Meter Tiefe fällt normalerweise alles zamm. Also ging ich mit einem Spezialverbau mit verlängerter Bauplatte vor.“ So wurden für die sechs Meter langen Rohre zwei Verbau-Elemente mit 5 und 2,5 Metern zusammengehängt. Ein 50-Tonnen-Bagger grub sich voran und drückte gegen die Seitenwände, damit die nicht nachrutschten. Dazu wurde Drainage-Kies aus einer bereitstehenden Mulde eingefüllt und die Rohre draufgelegt und dann weitergezogen. „So haben wir 150 Meter am Tag gschafft.“ Und der Ingenieur staunte: „Pfister, wos Du schaffst, des kann sonst kanner.“

Millionenwerte finden sich auf dem (kamera-überwachten) Betriebsgelände westlich von Hohengüßbach und oberhalb von Zückshut. Wer Kronjuwelen oder dicke Safes mit Bargeld dort vermutet, täuscht sich. Die Werte stecken in Schalungen, Spunddielen, Schächten, den über 40 Baggern, 20 Radladern, Staplern. Darunter auch einer mit 850 PS und einem Lader, der 12 Kubikmeter „mit einem Biss schluckt“, was 60 Tonnen entspricht.

Schotter indes findet sich doch zuhauf – auf Haufen. Schotter aus Kaider oder Wattendorf, Flußbausteine aus dem Würzburger Land. In Reih und Glied aufgestellt die Baggerlöffel unterschiedlicher Größen. „Die Hälfte davon habe ich selbst zusammengeschweißt.“ Was auch für eine Konstruktion gilt, mit der eine Challenger-Raupe bis 1,80 Meter tiefpflügen kann. Eine von vielen genialen Eigenbau-Gerätschaften des „dummen Bäuerla“, wie sich Pfister gern selbst erniedrigt. „Millionenwerte und keine Schulden und ein Leben wie immer, was will man mehr.“ Und wie sah dieses Lebens bisher aus? „Ärbät, Arbät, Ärbät – Tooch und Nocht.“

Betriebsklima Das Firmenpotenzial steckt auch in der Belegschaft. Nahezu jeden Tag besucht der Senioren-Chef sämtliche aktuelle Baustellen, liegen sie auch noch so weit voneinander entfernt und sucht das Gespräch mit seinen Leuten. Es geht um technische Probleme, aber auch private. Beim Hausbau, Autokauf oder Notlagen springt der

Arbeitgeber schon mal mit einem Privat-Darlehen ein. Oder einer Gehaltserhöhung, wozu es keiner Gewerkschaft oder Mitarbeitervertretung bedarf. „Ich zahl' über Tarif und manche kommen auf schöne Zusatzprämien im Jahr." So hat Pfister im September des Corona-Jahres 2020 einen Großteil der Belegschaft großherzig am wirtschaftlichen Erfolg des Unternehmens teilhaben lassen. Er betrachtet es als sein Erfolgsgeheimnis: „Ich bin jeden Tooch auf allen Baustellen." Und wenn der Senior eintrifft, gilt Paragraf 1 der Arbeitsordnung der Firma Pfister: „Sollte der Chef erscheinen, stehen alle Räder still, weil es des Görchla so will." Dann steigen die Mitarbeiter vom Bagger, legen die Schaufel beiseite. „Die hören alle auf und wenn das a halba Stund' dauert und ich plauder' mit meina Leut." Und „verliert" hie und da einen Fuchziger oder Hunderter. Teambuilding der besonderen Art. „Die andern sitzen an ihra Schreibtisch. Ich wor immer draun und auf die Bagger ghöckt. Früh fort, nachts heim. Dazwischen kurze Stopps in Unmengen an Wirtshäusern. „Schnell wos gessen, nein Auto und fort." Oft hat er sich an Imbissbuden ernährt, schätzt Pfister – vor allem beim „Trucker Rudi" im Süden Bambergs.

Beschwerde mit Folgen „Euer Bulldog taugt nix, hört des Produzieren auf, wenn ihr's ned könnt! – schrieb Pfister in einem Brief anno 1959 anno die Deutz-Werke in Köln, da er schlechte Erfahrungen beim Neukauf mit einem 22 PS starken Gerät gemacht hatte. Es folgte eine Einladung zum Besuch in den Deutz-Werken, samt drei Tagen im Messehotel. Bei den Führungen zeigte „des Bäuerla aus Franken" den Experten, wo der Hammer hängt. „Die wollten mich gleich behaltn." Ähnlich erging es beim Kontakt mit den Verantwortlichen von Fella-Sämaschinen. „Die wollten mich auch haben. Aber ich wor jung verheiratet und die erstn Kinder worn do, do wollt ich nimmer so weit fort."

Reingelegt fühlt sich Pfister von einem Kollegen, obgleich er mit der gesamten Familie freundschaftliche Bande pflegte, auch wenn die politisch „andersgläubig" war. „Der Lump hot mich reingelegt." Dieser Aufschrei steht im Zusammenhang mit dem Bau der Kläranlage in Neuendorf. Für die Baufirma sollte Pfister einen Damm anlegen. 50 Meter lang, 10 Meter hoch, 30 Meter breit. „Ich hob des hingebaggert und wie ich noch 14 Tag fertig wor, stelln die fest, dass der Damm um 10 Meter versetzt werden muss." Also hieß es: „Pfister, Du musst des nochmal machen und zwor umsonst." Das sorgte für Ärger: „Ihr seid wohl blöd? Der besoffen Capo hot des abgesteckt und der Ingenieur zugeschaut. Und ich hob noch dena ihra Maße gearbeitet. Und trotzdem hobn die mir kaa Geld gäbn. Ich hob nuchmol 14 Tag gebaggert und kein Geld kriecht."

Naturfreund Man mag gar nicht glauben, dass dieser Mann schon öffentlich den damaligen Ministerpräsidenten aufforderte, den Bund Naturschutz zu verbieten, wenn er über das Gelände am Main entlang zwischen Trunstadt und Roßstadt flaniert (besser: kutschiert), das seinem Sohn Sohn Manfred Pfister gehört. Da schwärmt er über die Urwüchsigkeit, zeigt volles Verständnis über die Wildnis und den Charme, der von abgelagertem Wurzelwerk und Totholz ausgeht. „Früher war das das eine Wüste, eine Katastrophe."

Ein 2,02 Meter großer Waller wurde im Mai 2021 aus einem Gewässer von Pfisters Paradies herausgeholt.

Jetzt aber reicht das Spektrum vom Urwald bis zum Biotop. 50 Tagwerk an Wiesen hat Sohn Manfred zu ähen. Wiesen wurden angesät, ein Sandbadestrand angelegt. „Er gießt Bäume, die als Schattenspender gepflanzt wurden, mäht den Rasen, pflegt die 40 Hektar an Biotopen. 1000 Kubikmeter Fels seien für den Wegebau herangekarrt worden. Und Georg Pfister gerät ins Schwärmen, wenn er die Wasservögel beobachtet, ergötzt sich an Hasen, Rehen, Wildschweinen, Rebhühner und Fasanen, die sich tummeln, auch wenn dabei das Herz des Nimrods zu schlagen beginnt. „Ich bin kein Feind von dem grüna Zeuch. Es muss aber alles seinen Sinn haben." Etliche Millionen Euro, so schätzt Georg Pfister, haben er und seine Söhne schon in das weitläufige Areal im Maintal gesteckt. Es kommen schon Angler, Badegäste und auch Grillgesellschaften. Eigentlich nur geduldet, aber Georg Pfister hat schon das pulsierende Treiben in diesem Freizeitland vor seinem geistigen Auge, als Visionär, der er schon von Kindesbeinen an war.

Flexibles Handeln Einen Auftrag mit einem Volumen von 3,1 Millionen Euro zog Pfister im April 2021 an Land. Den Bau einer Verbindungsleitung zwischen den Kläranlagen von Giech und Scheßlitz. Die Angebotseröffnung war an einem Donnerstag um 11 Uhr. Bereits um 16 Uhr meldete sich das zuständige Ingenieurbüro, dass alle Zahlen nachgerechnet worden seien, die Vergabe erfolge am Freitag um 11 Uhr in Scheßlitz. Baubeginn solle am darauffolgenden Montag sein. „Seid ihr verrückt? Ich muss doch erst die Rohre bestellen." Die allein kosteten 300.000 Euro. Zum Glück hatte der Chef wegen anderer Aufträge und einem goldenen Näschen schon einen Vorrat an Rohren am Lager. Weil die Preise in den nächsten Wochen um 15 Prozent steigen sollten, habe er noch schnell alles zusammengekauft, „Ich kauf' im Johr für viele Millionen ein." Dazu wurde auf dieser Baustelle ein 40-Tonnen-Schacht gesetzt, wozu ein 300-Tonnen-Autokran zum Einsatz kam. Pünktlich vor dem Weihnachtsfest war das Projekt abgeschlossen.

Rechnungsprüfer: Eine besondere Begebenheit ergab sich bei der Zusammenarbeit mit einer Gemeinde im westlichen Landkreis. Für die bauten die Hohengüßbacher einen Kanal in Richtung Hirschaid. Elf Jahre später tauchte dabei eine Merkwürdigkeit auf. „Ich schau immer wieder mal unsere Aktenordner durch." Und beim Studium der Bilanzen fiel Pfister um 1990 auf, dass die für den Kanalbau fällige Summe von 56.000 D-Mark an einem Freitag überwiesen worden war und am nachfolgenden Dienstag nochmals. Während dieser elf Jahre hatte es drei Betriebsprüfungen und alle Jahre eine Bilanzprüfung gegeben und niemandem war aufgefallen, dass die Summe doppelt bezahlt worden war. Auch die Rechnungsprüfer im Rathaus hatten dies nicht bemerkt. „Keiner hat's geschnackelt, auch in der Gemeinde nicht, also habe ich den VG-Geschäftsführer angerufen und ihn gebeten, die Zahlungen an die Firma Pfister in der Rückschau nochmal zu überprüfen." Doch dem fiel nichts auf. „Ich hob des drei Mal durchgemacht. Ich find' nix." Also machte sich Pfister ein paar Tage später mit seinen Unterlagen unterm Arm auf den Weg in die Amtsstuben. Und das sorgte für Erhellung. Der Geschäftsführer hatte das Geld am letzten Tag vor seinem Urlaubsantritt zur Zahlung angewiesen, dies aber nirgendwo vermerkt, weswegen es sein Vertreter am Dienstag nochmals erledigte.

Was tun? Jetzt wurde der Bürgermeister hinzugezogen. Und Pfister erklärte: „Ich zohl's zurück. Ich hob's ja zweimal gekriegt. Und rechen acht Prozent Zinsen drauf." Seine Gesprächspartner erinnerten daran, dass er nach zehn Jahren dazu nicht mehr verpflichtet sei, aber Pfister insistierte auf Rückzahlung samt Zinsen. „Da waren die sprachlos." Die Rückzahlung erfolgte diskret, damit es keiner merkt. „Ich kann des ned hobn: Wenn einer Geld zu kriegen hat, bekommt er es."

Bomben-Kerl Mehrfach mit Sprengkörpern zu tun hatte Pfister im Verlauf seines langjährigen Berufslebens. Dabei erzielte er einmal auch einen nicht ungefährlichen Knalleffekt. So beim Fund einer kleineren

Bombe im Bereich der Geisfelder Straße nahe der Bamberger US-Kaserne im Jahr 1975. Weil er sich bei der Überprüfung von mehreren GIs beobachtet fühlte, warf er zunächst wieder eine Schaufelladung Erde drüber, um den Sprengkörper später nach Feierabend wieder auszubuddeln. Er nahm das brisante Stück, legte es im Kofferraum ab, um damit nach Giech zu fahren. Dort stand auf einer Flurbereinigungsstraße ein 12-Tonnen-Bagger, da die Firma mit Arbeiten in der Neubau-Siedlung Giechburgblick beauftragt worden war. Pfister legte die Bombe auf den Betonweg, um mit dem Baggerlöffel draufzuhauen. Das gelang mit einem weithin vernehmbaren Knalleffekt: „Des hot einen Schlag getan. Mei Scheibn ist gfreckt und der Dreck spritzte mir ins Gesicht.“ Als er sich vom Schreck erholt und abgewischt hatte, erkannte er das Ausmaß seines Paukenschlages: In der Betonstraße tat sich ein großer Krater auf und der Baggerlöffel war in zwei Teile zerborsten.

Georg Pfister begutachtet mit einem Sachverständigen eine entschärfte Bombe.

Fünf Bomben identischer Bauart wurden 1990 bei Arbeiten in der Gundelsheimer Straße entdeckt. Diesmal wurden aber die Experten des Sprengkommandos aus Feucht verständigt an. Ein gebranntes Kind scheut das Feuer.

Die Experten aus Feucht waren auch 1996 gefordert, als bei Kanalarbeiten im Eberner Stadtteil Bramberg der Baggerführer auf etwas großes Schweres stieß, das er zunächst für einen Sandsteinbrocken hielt und zerklopfen wollte. Schnell wurde aber klar, dass es sich um eine Fünf-Zentner-Bombe aus dem Zweiten Weltkrieg handelte. Bramberg war im April 1945 bombardiert worden, weil eine kleine Einheit deutscher Soldaten auf dem Rückzug meinte, den Vormarsch der amerikanischen Truppen aufhalten zu können. Bei der Bergung der Bombe zeigte sich, dass der Baggerführer nur in der Mitte des explosiven Teils draufgehauen hatte. Zum Glück! Denn sie war noch scharf gewesen, wie sich beim Herausdrehen des Zünders zeigte.

Ministerpräsident Dr. Edmund Stoiber nutzt Pfister breite Schulter zum Signieren.

ZITATE

ÜBER PFISTER

„Ich habe in den letzten 30 Jahren so viele Parteitage erlebt, aber einen engagierteren, meinungsstärkeren und diskussionsfreudigeren Delegierten als Sie habe ich nie erlebt! Ihre positive Ausstrahlung bei aller Kritik an Vorgängen und Ihre so großartige Loyalität zu unserer Partei und auch zu meiner Führung habe ich nicht vergessen." – **Edmund Stoiber,** *Ministerpräsident und Ex-Parteivorsitzender 2010 in einem persönlichen Schreiben*

„Sie haben Zivilcourage, das gesunde Empfinden, den gesunden Menschenverstand nicht verloren."
Besucherin des Bauerntages *2013 aus Litzendorf*

„Er ist kein Kriecher, kein Nicker und redet niemandem nach dem Mund."
Monsignore Prof. Rüdiger Feulner, *ehemaliger Diplomat des Papstes in Rom*

„Ein Urgestein des Kreistags, an dem sich die Geister scheiden. Der eine liebt ihn, der andere nicht so sehr."
Dr. Günther Denzler, *Ex-Landrat*

„Er ist eine Einzigartigkeit in der Tat wie in der Sprache"
Reiner Hoffmann, *einstiger Bürgermeister von Breitengüßbach*

„Seine gefestigten Überzeugungen und starke Persönlichkeit schützen ihn vor kollektiven Verführungen."
Hans Michelbach, *Bundestagsabgeordneter aus Coburg/Vorsitzender der CSU-Mittelstandsvereinigung*

„Er hat immer ein offenes Ohr, seine Art muss man mögen, is' halt manchmal wie ein Bauer, was aber keine Beleidigung sein soll, eher Respekt zollt."
Kommentar *auf infranken.de*

„Wenn es die Firma Georg Pfister nicht gäbe, müsste man sie erfinden. Solche bewundernswerte Erfolge schafft man nicht mit Acht-Stunden-Tagen, wenn 90 Arbeitsplätze ohne verbilligte oder öffentliche Gelder geschaffen werden. Es verdient hohe Anerkennung, dass es noch Firmen gibt, die nicht nach der Hilfe des Staates rufen."
Hans Spitzner, *Wirtschafts-Staatssekretär anno 1994*

„Von Menschen wie Pfister lebt unser Gemeinwesen."
Achim Ebert, *Geschäftsführer der Deutschen Krebshilfe*

„Den Mann müsste man erfinden, gäbe es ihn nicht."
Rudolf Görtler, *FT-Kulturredakteur im Ruhestand*

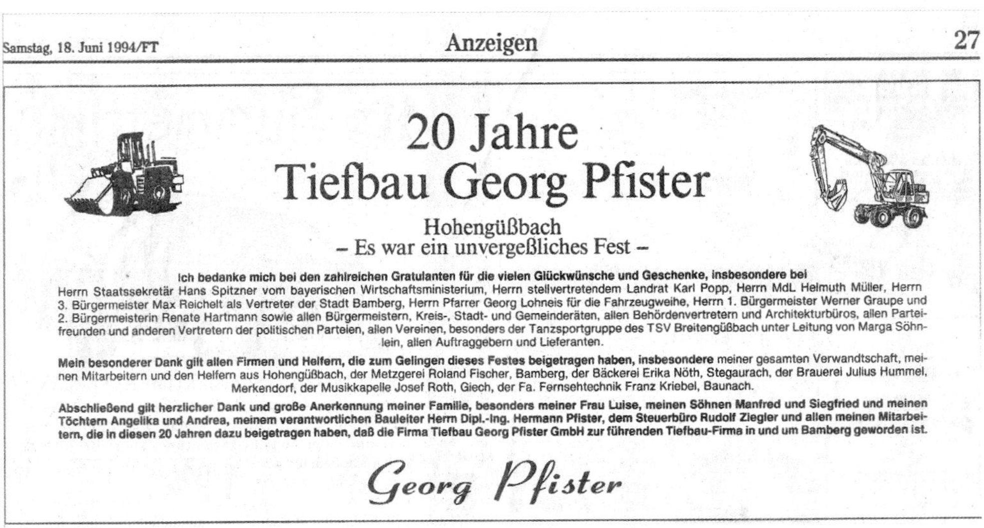

Samstag, 18. Juni 1994/FT — Anzeigen — 27

20 Jahre
Tiefbau Georg Pfister
Hohengüßbach
– Es war ein unvergeßliches Fest –

Ich bedanke mich bei den zahlreichen Gratulanten für die vielen Glückwünsche und Geschenke, insbesondere bei Herrn Staatssekretär Hans Spitzner vom bayerischen Wirtschaftsministerium, Herrn stellvertretendem Landrat Karl Popp, Herrn MdL Helmuth Müller, Herrn 3. Bürgermeister Max Reichelt als Vertreter der Stadt Bamberg, Herrn Pfarrer Georg Lohneis für die Fahrzeugweihe, Herrn 1. Bürgermeister Werner Graupe und 2. Bürgermeisterin Renate Hartmann sowie allen Bürgermeistern, Kreis-, Stadt- und Gemeinderäten, allen Behördenvertretern und Architekturbüros, allen Parteifreunden und anderen Vertretern der politischen Parteien, allen Vereinen, besonders der Tanzsportgruppe des TSV Breitengüßbach unter Leitung von Marga Söhnlein, allen Auftraggebern und Lieferanten.

Mein besonderer Dank gilt allen Firmen und Helfern, die zum Gelingen dieses Festes beigetragen haben, insbesondere meiner gesamten Verwandtschaft, meinen Mitarbeitern und den Helfern aus Hohengüßbach, der Metzgerei Roland Fischer, Bamberg, der Bäckerei Erika Nöth, Stegaurach, der Brauerei Julius Hummel, Merkendorf, der Musikkapelle Josef Roth, Giech, der Fa. Fernsehtechnik Franz Kriebel, Baunach.

Abschließend gilt herzlicher Dank und große Anerkennung meiner Familie, besonders meiner Frau Luise, meinen Söhnen Manfred und Siegfried und meinen Töchtern Angelika und Andrea, meinem verantwortlichen Bauleiter Herrn Dipl.-Ing. Hermann Pfister, dem Steuerbüro Rudolf Ziegler und allen meinen Mitarbeitern, die in diesen 20 Jahren dazu beigetragen haben, daß die Firma Tiefbau Georg Pfister GmbH zur führenden Tiefbau-Firma in und um Bamberg geworden ist.

Georg Pfister

SPRÜCHE

VON PFISTER

Über Edmund Stoiber: „Ich wor in Ingolstadt aufm Parteitooch als Delegierter und hob den Stoiber aufgefordert: Bayern muss einen eigenen Staat machen. Stoiber wir machen Dich ned zum König, wir machen Dich zum Imperator, wennst nix taugst, kummst wieder weg. Wir brauchen dena Preußn kaa Geld mehr nauf geben, wir machen unnern eigena Staat. Den Strauß wollten sie ned, bloß unser Geld. Die hobn schon unnern König beschissen, hob ich gschreit und einen Aufstand angezettelt."

Über Bildungsniveau: „Ich hob bloß dreidreiviertel Jahr Volkschul ghobt, des wor mei Glück. Wenn ich studiert hät, oder a Ingenieur geworden wär oder a Mastä, donn hät ich kaa Firma, weil ich zä gscheit gewesen wär. Ich hob immer aus dem Bauch raus entschieden. Ich hob eine Tante ghobt, die aus dem Sägewerk in Güßbach, die hot immer gsocht: Geo, wos du brauchst in deina Firma, des musst du kaufen, ned mieten: Du musst schaua, dass es dir gehört."

Bombenkerl: Nach dem Fund einer Blindgänger-Bombe beim Kanalbau in Bramberg, einem Stadtteil von Ebern, in den 1980er Jahren rüffelte er seinen Baggerführer, dass der die Polizei verständigt hatte anstatt seinen Chef. „Ich hätt' die Bombn rausgholt und an mein Hubschrauber angehängt!"

Über Langfinger: „Nach Nürnberg hob ich aan Tieflader mit 32 Kubikmeter Dielen gfohren. Nach einem Viertel Johr war nix mehr da. Nach Weichendorf hob ich aan MAN mit acht Kubikmeter Dielen gebracht und abends ümmer Achta abgekippt. Früh ruft mich gleich der Capo an: Eey, wir brauchen fei Dielen zum Einschalen, miä könne nimmer warten! Ich hatte mei Dielen nuch ned richtig abgekippt ghabt, hot die schoo aaner geklaut ghabt."

Über die CSU: „Ich bin 70 Johr in dera Partei, 40 Johr long nach München zu Parteireden. Ich hob nie über die annern gschimpft, nur gsocht, wos unnera für Fehler machen. Die hobn kaa Ohr am Volk. Die müssen aufs Volks hören. Vor 20 Johr hob ich die schon aufgefordert, den Senat abzuschaffen. Doo wor ich der Urheber und die ÖPD hat's dann nein Landtag gebracht. Ein nausgschmischenes Geld dieser Senat."

Über geschäftlichen Erfolg: „Nicht einmal zwei Prozent Verwaltungskosten, ein Minimum an Bürokratie. Zuverlässigkeit, Fleiß und gute Bezahlung der Mitarbeiter."

Über seine Krebserkrankung: „Ich hatte keine Zeit zum Kranksein und noch zu viele Ziele, um so früh zu sterben."

Überflieger: „Ich bin unschuldig, wie ein neugeborenes Lamm." – Vor dem Amtsgericht Bamberg wegen einer Außenlandung mit seinem Hubschrauber auf dem Gelände bei Trunstadt;

Über Steuern und Banken: „Ihr hobt des Volk betrogen, Ihr hobt die Banken gerettet, Ihr hobt die Zinsen runter, der Rentner, der sein Leben log gearbeitet und des Land aufgebaut hot, der soll jetzt nuch Steuern bezohln. Diese Rentner müssten aufstehn. Die haben gearbeitet, Steuern bezohlt, Häusla gäbaut, Geld gsport und nix is jetzt übrig, keine Zinsen, weil Ihr die Banken gerettet hobt. Ist meine Meinung."

Unschuldslamm: „Ich wor fast 20 mol vor Gericht gstanden, bin aber nur einmal verurteilt worn wegen einer versäumten Einspruchsfrist. Ich hob niemals an betrogen, hob niemanden beschissn. Bloß ich bin immer wieder betrogen worden."

Über höhere Weihen: „Ich geh doch ned als Pfister Filser nach München nein Landag. Da drin hocken 200 Studierta und ich bin der einzig Gscheit. Ich bin doch ned behämmert." (Über den Gedanken von Georg von Waldenfels, ihn als oberfränkischen Listenkandidaten für Landtagswahl zu platzieren).

Preisbrecher: „Die Stadt Bamberg hat viele Millionen eingespart, dadurch, dass mei Firma kumma ist und die Gemeinden des Landkreises ebenfalls Millionen, weil ich bis zu 30 Prozent unter den Preisen der anderen geblieben bin. Weil die anderen sich vorher durch Preisabsprachen dumm und dappich verdient hobn."

Gesundheits-Tipp: „Nie geraucht und nie gsoffn und Tag und Nacht geärbät. Ich könnt mich nach Mallorca legen, des gonza Johr. Aber des würde ich gor ned aushalten Ich brauch Arbeit, Arbeit, Arbeit. - das ist meine Medizin."

Bekanntheitsgrad: „Mein Problem ist halt: Mich kennt fast a jeder. Sogar in Japan treff' ich im 30. Stockwerk meines Hotels einen, der mich mit gekannt hot."

Über den Länder-Landesfinanzausgleich: „Wir werden ausgebeutet!" – gesagt beim CSU-Parteitag 2014 in Nürnberg

AUFSEHEN ERREGT

1968: Gerichtsverhandlung, weil Pfister – nach dem Tod des Erstgeborenen – bei seinen Kindern der Pocken-Impfpflicht nicht nachkam. Ein Obermedizinanalrat vom Gesundheitsamt erklärte vor Gericht: „Noch nie ist ein Kind an einer Impfung gestorben.“ Pfister ging nach eigener Darstellung fast auf den Arzt los, führte zu seiner Verteidigung mehrere Beispiele aus ganz Bayern an, von Kindern, die krank geworden waren, und schloss sich einer bayernweiten Initiative zur Abschaffung der Impfpflicht an. „Durch diesen Prozess ist das Problem öffentlich geworden und in der Folge die Impfpflicht abgeschafft worden.“ Ab 1976 gab es keine Impflicht gegen Pocken mehr.

1990: Pfisters Antrag, dass CSU-Kreisräte mit Aufsichtsratsposten einen Teil ihrer Aufwandsentschädigung an die Partei abführen sollen;

Pfister boxt Dr. Günther Denzler in der Kreistagsfraktion als weiteren Landrats-Stellvertreter neben dem Hallstadter Karl Popp durch. Trotz der Widerstände aus den eigenen Reihen gab es somit einen möglichen Nachrücker, der aufgebaut werden und Bekanntheitsgrad erlangen sollte, da sich für die älteren CSU-Granden das Karriereende abzeichnete;

1996: Ermittlungen als vermeintlicher Lidl-Erpresser, mehrere Monate lang stand Pfister unter Verdacht;

Aufsehen

Erstmalige Forderung der Loslösung Bayerns vom Bund bei Parteitag in Ingolstadt – im Beisein von Bundeskanzler Helmut Kohl – mit dem bekannten Stoiber-Zitat: Wir machen Stoiber zum Imperator und wenn er nix taugt, kommt er wieder weg";

1997: Gegenkandidatur bei Entscheidung über Vergabe des Direktmandats für den Landtag gegen den nominierten Kandidaten Heinrich Rudroff bei Versammlung in Mühlendorf (als Nachfolger von Philipp Vollkommer) und Pfister liebäugelt im Fall eines Scheiterns öffentlich mit einer Landtagskandidatur für die Bayernpartei;

Mit dem Pfister-Helikopter wird Ordensschwester Regitta Michel samt Ball ins Weismainer Waldstadion eingeflogen, um am 17. April den Anstoß beim Spiel SC Weismain – 1. FC Nürnberg vor 17.000 Zuschauern vorzunehmen;

1998: Ermittlungen gegen Pfister als mutmaßlicher Lidl-Erpresser werden offiziell eingestellt;

1999: Kauf der Baggerseen bei Trunstadt/Roßstadt zwecks Schaffung eines Freizeitgeländes auf dem 130 Hektar großen Areal mit Yachthafen, Badstränden, Biotopen, Campingplatz, Angler-Ressort;

Erneut Rundumschlag beim Bauerntag in Scheßlitz (mit CSU-Landwirtschaftsminister Josef Miller): Kritikpunkte waren u.a. die Fusion von Stadt- und Kreissparkasse, die Subventionspolitik der EU, die Agenda 2000 der Bundesregierung, die für Bauern doppelte Arbeitsbelastung bedeute und die erneute Forderung nach der Lossagung Bayerns vom Bund:

2000: Verurteilung zu Geldstrafe in zweiter Instanz wegen des Aufladens und Abfuhr von Schlacken und Aschen, die aus dem Bamberger Kohlekraftwerk der US Army stammten und dort seit Ende der 1980er Jahre in der Grube Zückshut von einem anderen Unternehmer (zwischen-) gelagert worden waren; Die Anzeige war zehn Jahre später erstattet worden. Eine Revision wurde nicht zugelassen.

Öffentlicher Disput mit einem CSU-Landtagsabgeordneten aus Unterfranken, der ihn als vorbestraft bezeichnet hatte; Ein daraufhin geplantes persönliches Treffen kam nicht zustande, weil der Abgeordnete nicht erschien;

2001: Gerichtsverhandlung wegen angeblicher Verstöße gegen das Luftverkehrsgesetz (Außenlandungen auf dem Gelände bei Trunstadt) endet vor dem Amtsgericht Bamberg mit einem Freispruch;

2004: Den Kesselbach bei Zückshut angestaut, um bei schweren Niederschlägen damit den eigenen Fichtenbestand zu bewässern, was zu Ärger mit einem Unterlieger und dessen Fischteichen führte, wo 500 Forellen verendeten; Nach dem Rückbau war die Sache für Landratsamt und Wasserwirtschaftsamt erledigt. Das Landgericht Bamberg bewertet den Dammbau in zweiter Instanz als Ordnungswidrigkeit, wofür Pfister 8500 Euro zahlen muss. Der Unterlieger hatte sich beschwert, dass in den gepachteten Weihern zu wenig Wasser ankomme. Pfister hatte den Durchfluss durch Rohre sichergestellt. Diese Rohre seien von Unbekannten verschoben worden.

Die Teiche im versteckt gelegenen Wäldchen im Tal in Richtung Laubend hatte Pfister für den Eigentümer noch selbst ausgebaggert, ohne Bauantrag und somit ohne Genehmigung. Durch die Nachforschung der Behörden rückten somit auch die Fischerhütten in den Fokus, die bisweilen zu geselligen Zusammenkünften genutzt worden waren. Die Folge: Weil die auch nicht genehmigt waren, mussten sie abgerissen werden. In der Revisionsverhandlung wurde Pfister komplett freigesprochen.

2005: Forderung im Kreisausschuss nach Redeverbot für einen studierten Kreisrat, weil man den nicht mehr verstehe, und einen Volksgerichtshof für dessen Parteikollegen in Berlin, die er als „Schauspieler und Totengräber von Deutschland" titulierte. Die anschließenden Anzeigen wegen Beleidigung und Volksverhetzung brachten Pfister wohl bis in die BILD- und Süddeutsche Zeitung, hatten aber juristische keine Konsequenzen, da die Staatsanwaltschaft Bamberg das Verfahren nach wenigen Wochen einstellte. Die betroffene Fraktion spricht von mehr als einer „rhetorischen Entgleisung", wie man sie von Pfister gewohnt sei. Pfister verteidigt sich: „Ich habe nicht den NS-Volksgerichtshof gemeint. Ich bin kein Rechter, mein Großvater war im Dritten Reich sechs Wochen lang eingesperrt, weil er die Wahrheit gesagt hat. Mein Vater und drei Onkel sind im Krieg gefallen." Der Kreistags-Redner hatte von „Inkompatibilität" gesprochen, was laut Pfister „kein Deutscher mehr versteht" (was zumindest für einen Großteil der Deutschen sicher zutrifft).

2006: Ermittlungen nach anonymer Anzeige wegen angeblicher Preisabsprachen mit einer Nürnberger Firma beim Bau eines Abwasserkanals zur Tierkörperverwertung Nordbayern bei Hetzentännig/Walsdorf nach Bamberg; Eine Anzeige war zwei Jahre nach Ausführung des Bauprojektes bei der Staatsanwaltschaft in Hof eingegangen, eine weitere anonyme ein Jahr später bei den Kollegen in Bamberg. Das

Verfahren wurde im Oktober eingestellt und sogar ein Angebot auf Entschädigungszahlung seitens der Staatsanwaltschaft Hof unterbreitet. Pfister schwebte dabei eine Millionenklage vor, weil viele mögliche Auftraggeber abgerückt seien. Auch gibt er an, den Diffamierer zu kennen, ohne Namen zu nennen. Er vorortet ihn ins Lager politischer Gegner.

2007: Pfister will Wahl die Wahl des Vorsitzenden der Waldbauern-Vereinigung Bamberg anfechten und wirft ihm Unregelmäßigkeiten wie fehlende Kassenprüfungen über einen Zeitraum von neun Jahren vor. Jahre später betreibt Pfister die dessen Abwahl. Der Führungswechsel erfolgte bei einer Versammlung in der Laimbachtalhalle in Gerach;

2008: Auftritt bei CSU-Parteitag sorgt für Millionen von Aufrufen bei youtube und anderen Internetkanälen. Öffentliche Rückenstärkung für Dr. Edmund Stoiber und zum Christentum bekannt; Das Rauchverbot in Gaststätten als Grund für schlechtes CSU-Wahlergebnis gegeißelt und über die Bürokratie und die „rote Presse" geschimpft; Ratschlag für Horst Seehofer: „Merken Sie auf den Pfister öfter, dann werden sie nie Misserfolg haben."

2009: Pläne eine 55 Meter hohe Christus-Figur aus Beton, entworfen vom Künstler Ludwig Valentin Angerer, die als Statue zunächst für den Predigtstuhl bei Berchtesgaden, dann für den Hesselberg gedacht gewesen war, ins Freizeitland Maintal zu holen. Das provoziert zwiespältige Reaktionen bisweilen harsche Ablehnung durch Kirchenvertreter („Koloss von Trunstadt, „Pfistus"). Wenige Wochen später wurde die Idee ins Reich der Träume verbannt. Der Plan für den monumentalen Heiland stammte von Harry Vossberg aus Dresden und der bevorzugte eine Anhöhe für seine Statue, die mit ihren 20 Metern größer als die auf dem Zuckerhut von Rio gewesen wäre. Der Landeskirchenrat der evangelischen Kirche kritisierte: „Protestantische Identität definiert sich nicht durch Selbstdarstellung babylonischen Ausmaßes." Vom Bamberger Domberg hieß es, dass „ein Wallfahrtsziel nicht als Schau- und Sensationsobjekt dienen darf". Mittlerweile steht die Figur in Polen.

2011: Idee zum Bau eines Pumpspeicher-Kraftwerkes nahe dem Roßstadter Baggersee auf knapp 360 Meter über NN taucht auf. Leistungsvermögen: 15 Megawatt, geschätzte Investitionssumme 80 Millionen. Kurz zuvor war Pfister zusammen mit seinem Sohn Siegfried im Hubschrauber über das Wasserkraftwerk Goldisthal im Thüringer Wald geflogen (entstanden in einer zu DDR-Zeiten abgesprengten Bergkuppe); Der Speicher nach dem Vorbild von Kochel- und Walchensee im Maintal sollte auf 15 Hektar so groß werden wie ein ähnliches Projekt bei Hersbruck. „Do worn aber gleich alla dagechä!"

Papst-Audienz beim Besuch von Benedikt XVI. in Freiburg;

Auftritt bei CSU-Bezirkstag in Kulmbach: Sympathie-Erklärung für Theodor von und zu Guttenberg und Pfister bezeichnet dessen Demontage als „Hinrichtung". Dazu gab's deftige Kritik am Insolvenzrecht – „ein Verbrechergesetz". In der Frankfurter Allgemeinen Sonntagszeitung wurde Pfister als „Mann des Volkes" betitelt.

2012: Aufstellung einer Bronze-Skulptur des Hl. Georg im Hof des Privat-Anwesens in Hohengüßbach, neben Kirchenglocken aus Windischletten und Schweißdorf. Die tonnenschwere Reiter-Statue hatte der Künstler Hanspeter Widrig aus Stein bei Nürnberg entworfen und gegossen, hergestellt wurde sie in der Nürnberger Metallgießerei Burgschmiet-Lenz. Der Marmor-Sockel stammt aus den Steinbrüchen von Flossenbürg. Die Weihe erfolgte am Schorschen-Tag 2013 (23. April) durch Monsignore Prof. Rüdiger Feulner, einstmals Kaplan in Scheßlitz, damals stand er im Diplomatischen Dienst des Vatikans. Beim Preis der Skulptur hält sich Pfister bedeckt. Es muss aber teuer gewesen sein. Mehrere Künstler waren fünf Monaten lang mit der Fertigstellung beschäftigt.

Gleichzeitig mit der Skulptur erfolgte die Weihe des Krieger-Denkmals mit den Namen der Gefallenen aus Hohengüßbach von 1914 bis 1918 und 1939 bis 1945. 16 Namen sind darauf zu lesen. „Und ausm Dorf haben nur wenige Leute daran teilgenommen." Die Gedenksteine samt Inschriften kosteten 13.000 Euro, die Pfister spendierte.

Pfister distanziert sich beim Verein „Unser Steigerwald" öffentlich von Landrat Dr. Günther Denzler, den er nach eigenen Worten als „Kandidat in der CSU-Kreistagsfraktion durchgesetzt hat", wegen dessen Bemühungen um einen Nationalpark Steigerwald, verbunden mit der Forderung an Ministerpräsident Horst Seehofer: „Verbieten Sie den Bund Naturschutz!"

Vorwurf gegen Landrat, Landkreisverwaltung und Architekten samt Aufsichtsbehörden, die wegen des Baues einer neuen Zufahrtsrampe zum Landratsamt öffentliche Gelder verprasst hätten. Pfister hatte der Rampe 20 Jahre nach der Fertigstellung noch „besten Zustand" bescheinigt;

2013: Vollmundige Ankündigung beim Bauerntag in Scheßlitz, eine Klage gegen Volksvertreter anzustrengen, da sie gegen ihren Amtseid verstoßen, wonach sie zum Wohle des Volkes tätig sein müssten. Als Beispiel nennt er die stille Enteignung von Grundeigentümern, weil der Staat von ihnen die Schaffung von Ausgleichsflächen fordere.

10.000-Euro-Spende für neue Glocken im Gotteshaus von Windischletten;

Teilnahme an einem Vortrag von Peter Scharnagel vom Bayern-Kurier mit dem Titel „Bayern kann es auch allein";

2014: Spektakulärer Auftritt beim CSU-Parteitag in Nürnberg: Erneute Forderung nach dem Austritt Bayerns aus der Bundesrepublik. Die in Hof erscheinende, SPD-nahe *Frankenpost* titelte: „Ein Franke bringt den Saal zum Toben"; Pfisters Auftrag an Ministerpräsident Seehofer: Eigenes Land schaffen, Bayern wird nur ausgebeutet. Zitat: „Die Preußn wollten unnern Strauß ned, unnern Stoiber ned, die wollen nur unser Geld."

2015: Bau einer Marien-Kapelle auf dem Betriebsgelände zum 80. Geburtstag. Die Eingangstür aus Eiche gehörte einst zur 1715 erbauten Kirche von Hohengüßbach, die 1984 durch ein neues Stück ersetzt worden war (das Pfister spendiert hatte). „Die alte Tür hat mich aber gereut", bekannte Pfister und auf Bitten von Kirchenpfleger Martin hatte er sie in seiner Scheune aufbewahrt, während andere sie lieber aufs Johannisfeuer schmeißen wollten. „Die hob ich zehn Mol umgschlicht in meiner Scheuna."

Georg Pfister mit Besuchern seiner Marien-Kapelle, u.a. Werner Oppelt (rechts).

Dann aber hat er sie vom befreundeten Schreiner Georg Griebel aus Lauf herrichten lassen. Die Bänder und das Schloss sind über 300 Jahre alt und im Original erhalten.

Die Glocke der Kapelle stammt aus Karbach (Gemeinde Untersteinbach im Steigerwald).

Die Darstellung des Heiligen Georg über dem Portal der Kapelle stammt vom Neffen Richard Pfister. Eine der Marienstatuen stammt aus dem Wallfahrtsort Medjugorie in Bosnien-Herzegowina. Die weiteren Marienfiguren aus den weltberühmten Wallfahrtsorten Lourdes/Frankreich und Fatima/Portugal. Weiter findet sich darin auch ein Bild des Taufpaten und Prior Bonifaz sowie der künstlerisch wertvollen Kirche von Windischletten, der Pfister eine Glocke spendiert hat. „Die Kirche hat schon immer von mir profitiert." Die Fenster aus Bleiglas fertigte eine Künstlerin aus Bad Staffelstein mit Motiven der Mutter Gottes.

IN DEN FÄNGEN DER JUSTIZ

Mit den Ordnungshütern, Richtern und Staatsanwälten*innen machte Georg Pfister so seine eigenen Erfahrungen. Mehrfach stand er während seines Berufslebens vor dem Kadi. Anzeigen gab es immer wieder, oft schlagzeilen-trächtig. Mindestens 20 Anzeigen kamen so zusammen. Das Spektrum reicht vom Humusklau bis zur falschen eidesstattlichen Versicherung. Verurteilt wurde er aber nur einmal. „Wo ich nix dazu kann. Die Schlacken aus der Kaserne wurden zehn Johr vorher in die Deponie gekippt, für die Waldweg' rund um die Stiefenburg und Giechburg benutzt und ich hab ein Labor-Ergebnis ghabt, dass des schadstofffrei is." Die Anzeige und Strafe erfolgte auch nicht wegen eines Umweltfrevels, sondern weil die Schlacke ohne Genehmigung aufgeladen und abtransportiert worden war. „Nach zehn Jahren" zeigt Pfister heute noch kein Verständnis und sieht die Schuld allein beim Geschäftspartner. Pfister sieht sich mitunter auch als Opfer der Justiz.

Zum Beispiel als Pfister im Rahmen einer Raster-Fahndung als Lidl-Erpresser verdächtigt wurde, da er sich wohl zum Zeitpunkt eines Erpresseranrufes in der Nähe des Übeltäters aufgehalten hatte. Zudem machte ihn sein Hubschrauber verdächtig. Es war im April 1996, als er nach Bamberg in die Polizeidirektion einbestellt wurde und Auskunft geben musste, wo er sich am 12.12. des Vorjahres um 15 Uhr aufgehalten hatte. „Des weiß ich ned. Im April fragn die mich so Zeuch!" Weiter wollten die Beamten wissen, wo er sich am 30. Dezember des Vorjahres aufgehalten habe. Außerdem war bekannt, dass Pfister an einem Werktag um 11 Uhr unterwegs war, an der Ausfahrt Buttenheim in Richtung Nürnberg. „Was machten Sie an diesen drei Tagen?" Pfister zuckte wieder mit den Schultern: „Des weiß ich ned." Es folgte eine erkennungsdienstliche Behandlung. Fingerabdruck, Fotos von vorne, links und rechts. „Behandelt wie a Schwerverbrecher."

„Was ist denn überhaupt los?", wollte der Vorgeladene wissen. „Es geht um Erpressung", hielten sich die Kriminaler bedeckt. „Wos für a Erpressung?" Es gehe um die Firma Lidl und von der Staatsanwaltschaft sei Auftrag erteilt worden, ihn zu vernehmen.

„Das war eine Frechheit der Polizei, die ich ganz gelassen über mich ergehen ließ, aber dass eine Staatsanwältin behauptet, dass ich des wor, weil ich in der Rasterfahndung aufgetaucht bin, da ich einen Hubschrauber gkaaft hob und des Geld zum Bezohlen brauch', des wor eine Frechheit. Ich war fuchsteufelswild."

Entlastet hat Pfister, dass er zu der Zeit des Erpresser-Anrufes in einer dienstlichen Besprechung mit honorigen Persönlichkeiten saß, die ihm ein Alibi ausstellten. Als er in aller Ruhe in seinen Erinnerungen und Notizen kramte, fanden sich weitere entlastende Hinweise. So erledigte seine Firma zu dieser Zeit in Stackendorf den Kanalbau, weswegen er täglich um 11 Uhr über die Ausfahrt Buttenheim zur Baustelle fuhr. Danach ging's in Café Stuber, wo er sich regelmäßig eine Pfeffer- oder Gulaschsuppe gönnte und mit anderen Kollegen vom Bau traf. Das bestätigte ihm auch sein Vorarbeiter der Stackendorfer Baustelle, als die Idee aufkam, dass es doch Terminnotizen geben müsse. „Wie ich so mit dem Capo red', fällt mir ein, dass neben unserm Funktelefon so Terminkalender liegt, wo alle Termine eingetragen wurden."

Über sein Funktelefon informiert, startete seine Ehefrau die Suche nach diesem Buch mit den Notizen aus dem Vorjahr. „Süch amol noch, ob des alta Terminbuch nuch doo is." Was die Ehefrau als Problem einstufte: „Seit dem 1. Januar liegt des neue doo. Ich glaab nimmer, dass wir des noch hobn. Des hob wir bestimmt schon ins Altpapier gschmissn."

Kurz vor der Papiertonne wurde sie fündig. Die frohe Kunde ereilte Pfister via Handy auf der Fahrt nach Heroldsbach. „Des alta Buch is nuch doo." Weswegen er schnurstracks nach Hause fuhr. Beim Durchblättern fand sich der Eintrag, dass sich Georg Pfister am 12.12. um 15 Uhr nahe den Vierjahreszeiten in Breitengüßbach am Sportplatz mit einem Rechtsanwalt, Ingenieurbüro-Vertreter und Architekten getroffen hatte.

Und für 30. Dezember fand sich auch eine Ortung. „Mein Auto war an der Raststätte Würzburg-Kist gesehen worden." Die Erklärung: Sohn Manfred hatte seinen Bruder Siegfried nach Frankfurt zum Flugplatz gefahren und war dabei mit Georgs Auto geblitzt worden.

Das alles erzählte er auch den Kriminalbeamten, die ihm vier Wochen später die Freisprechung offenbarten: „Herr Pfister, Sie sind nicht mehr der Lidl-Erpresser." Pfister bezeichnete es als Schande, dass „einer, der Tag und Nocht nur ärbät, nicht raucht, ned sööfft, und ned lumpt nur weil er Geld hot und aan Hubschrauber kaaft, plötzlich a Erpresser is."

Richter geschimpft: Wegen eines Auftrages im Zusammenhang mit der Bosch-Erweiterung in Bamberg-Nord am Börstig im Zeitraum 1999/2000 klagte Pfister gegen das Generalunternehmen aus Stuttgart auf Zahlung von restlichen 140.000 D-Mark bei einem Gesamtvolumen für Erdarbeiten von 1,4 Millionen in zehn Tagen. „80.000 Tonnen Schotter reingefahren aus drei Schotterwerken, 30 Sattel gfohren jeden Tooch, vier Bagger, vier Lader, vier Raupen, die größte Fräse der

Die Vorarbeiten für das neue Boschwerk am Börstig.

Welt do drinna – auf 40.000 Quadratmeter Kies eben gemacht, 25 cm hoch abgewalzt, 15 cm Schotter drauf abgewalzt und gefräst. Durch mein Nebenangebot für die Erdarbeiten haben die den Auftrag bekommen, weil ich gsocht hab, ich misch den Kies mit Schotter durch Fräsen, dann ist die Stabilität da. Dann hob ich die Rechnung gschriebn, in 10 Tag waren wir fertig, mein Sohn Manfred oft schon früh um 4 Uhr drin."

Nach fünf Jahren folgte die Gerichtsverhandlung, weil restlichen 140.000 D-Mark nicht bezahlt worden waren. „Die hatten des nicht geglaabt, dass wir des in 10 Tagen schaffen, weil da waren Fristverzugs-Zinsen drauf." Meinte doch der Bauleiter: „Sie hobn zu viel Geld verdient, das zahlen wir nicht. Der hot 500.000 netto gämacht." Da wurde der Pfister aber böse und brüllte dem Bauleiter und Richter ins Gesicht: „Des is doch mei Idee gewesen, mei Patent, sonst hättet Ihr den Auftrag doch gor ned gekriegt." An zehn Tagen waren von 6 bis 22 Uhr fünf Walzen, sechs Bagger, vier Radlader und eine der größten Fräsen der Welt im Einsatz. Als der Bauleiter eine Restzahlung von 20.000 D-Mark anbot, stockte der Richter auf 30.000 auf, woraufhin sich Pfisters Wortschwall über ihn ergoss: „Ich krieg' 140.000 D-Mark. Haben Sie schon amol Geld verdient in ihrm Leben mit harter Arbeit? Hob Sie schon amol gschwitzt im Leben?" Schämen Sie sich nicht, dass einer, der in seiner Firma Leut' beschäftigt und ordentlich bezahlt, von früh Viera bis nachts um Zehna ärbät, damit die Bosch ihra Mitarbeiter neibringt, dem bieten Sie 30.000 D-Mark an?" Letztlich gab es aber nur die 30.000 D-Mark.

Laster als „Litfahr-Säulen": Pfisters Wahlkampftourneen haben Berühmtheit weit über den Landkreis erlangt. Noch heute schwärmt er von Wahlerfolgen durch intensive Reklame und führt auch den Einzug einer Parteifreundin in den Landtag auf seine Unterstützung zurück, nachdem ihre Eltern seine Lkws mit ihrem Konterfei drapiert hatten. Sie kam mit 220 Stimmen Vorsprung über die Bezirksliste vor einer Bayreuther Kollegin in den Landtag. Die rollende Wahlkampf-Werbefläche auf vier und mehr Rädern sorgten aber auch für Argwohn und anonyme Anzeigen. So wurden eines Tages zwei Kriminalbeamte auf dem Betriebsgelände vorstellig. „Wos wöllt Ihr denn? Ihr seid mei Freunde. Aber Ihr führt nix Gutes im Schilde, wenn ich Euer Gsichter so anschau." „Es liegt eine anonyme Anzeige gegen Sie vor. Die Bilder müssen von den Autos runter." Das war eine Woche vor der Wahl, aber weil das Konterfei der späteren Ministerin da schon drei Wochen kreuz und quer durch die Lande düste, brachte dies nach Pfisters fester Überzeugung die entscheidenden Stimmen Vorsprung.

Nach Hof vor Gericht musste Pfister wegen angeblicher Preisabsprachen mit einem Nürnberger Unternehmen im Vorfeld zum Kanalbau zu Tierkörperverwertung in Hetzentännig, was Monate später angezeigt worden war. Das Verfahren mündete in einen Freispruch. Das Nürnberger Unternehmen, das den Zuschlag erhalten hatte, hatte die Hohengüßbacher Konkurrenz als Subunternehmer mit ins Boot genommen. Das Dilemma dabei: Der Makel blieb an dem Nürnberger Unternehmen hängen, dem Aufträge verloren ging, was letztlich zu dessen Pleite führte. Anders als bei Pfister.

Mit einem Rechtsanwalt und Kreistagskollegen anno 2002 kam sich Pfister mehrfach in die Wolle. So als er ihm wegen seiner Wortwahl im Kreistag über den Landrat den Mund verbieten wollte. Aber auch als Jurist, der bei einer Verhandlung, in der Pfister angeklagt war, mehrfach in den Sitzungssaal spitzte, um zu schauen „dass die über mich hergehen". Daraufhin wollte ihn Pfister bei einem Termin im Landratsamt an die Wäsche. „Um ein Haar hätte ich gschlogen. Ich hob scho aufgezückt. Kummt do ned so a Blödel über Flur. Dann hab ich es lieber gelassen."

Auch wegen dreier Wohnwägen kam Pfister mit den Ordnungshütern in Konflikt. Für seine Leuten auf den Baustellen hatte er die angeschafft, was eine Anzeige und einen Polizeieinsatz nach sich zog. „Die hätten an halben Meter höher sein müssen", zeigt der Firmen-Chef Unverständnis und schüttelt mit dem Kopf: „Urlauber dürfen wochenlang drin hausen, aber meine Arbeiter dürfen sich nicht eine halbe Stunde da reinsetzen. Auf Polster dürfen sie nicht, sondern müssen sich auf harte Bretter hocken."

Mit einem Freispruch endete das Verfahren wegen eines angeblichen Verstoßes gegen das Wasserrecht vor dem Amtsgericht Bamberg. Deswegen hätten Pfister 8500 D-Mark Strafe zahlen sollen und Widerspruch eingelegt. Daher kam es zu einem Gerichtsverfahren. Ein Ortstermin brachte Klarheit über das Aufstauen des Kesselbaches östlich von Zückshut. Das hatte Pfister vorgenommen, um seinen daneben liegenden Wald bei heftigen Regenfällen zu wässern. Für einen unterhalb liegenden Weiher war ein Schlauch verlegt worden, um den Zufluss zu garantieren. „Aber den haben Unbekannte rausgezerrt," ist sich Pfister sicher. Er hatte 30 Jahre zuvor die Weiher für einen Freund selbst ausgebaggert. „Des wor gor ned genehmigt und auch ned geplant, dass der Bach da durchlööft." Was der spätere Pächter anders sah. Dem wollte Pfister auch kein Wassernehmen, sondern seine 600 Bäume retten, wenn durch den Damm bei stärkeren Niederschlägen mehr Wasser in seinen Wald läuft. Das sah auch der Richter so. „Herr Pfister, Sie haben nichts gemacht. Er wollte nur seinen Wald retten." Mit dabei beim

Ortstermin waren der Landrat und „fünf seiner Frauen“. Der habe ihn genötigt, den Damm wieder abzubauen. „Des hätt' ich ned machen solln.“ Zu dieser Zeit waren Pfister und der Landrat noch gute Freunde („Ich hob den ja zum Kandidaten gemacht“), erst später zettelte er einen verbalen Krieg gegen den Landrat an wegen dessen Bemühungen um einen Nationalpark im Steigerwald, den Pfister für überflüssig hält.

Viele Rechtsanwälte hat der Mann mit dem schwarzen Hut im Verlauf seines (Berufs-) Lebens konsultiert. Nicht allen stellt er ein gutes Zeugnis aus. Voll des Lobes ist er über Dr. Reinhard Schikowski, dessen Baugrube er 1975 in Waizendorf ausgehoben hat. „Ein feiner Mensch. Wenn der mich immer verteidigt hätte, wäre ich auch in dem einen Prozess nicht verurteilt worden.“ Und er hätte auch keine Millionen Euro eingebüßt durch Machenschaften einstiger Geschäftspartner. „Ich hob in meinem Leben viel Geld verdient, aber auch viel verloren bzw. versemmelt.“ Verloren auch durch Diebstähle: „Über 1000 Mal wurde meine Firma auf Baustellen beklaut!“

Morddrohungen Als Zeuge vor der Wirtschaftskammer in Hof geladen, um wegen strittiger Vergabepraktiken auszusagen, erhielt Pfister in den Nächten vor der Verhandlung mehrere Anrufe mit eindeutigen Drohungen. „Du wirst Hof nicht erreichen.“ Doch der streitbare Unternehmer ließ sich nicht einschüchtern, mied die Autobahn. „Ich bin einfach über Kronach gefahren und hob dann meine Aussage gemacht.“

POLITISCHER WERDEGANG

1951: Eintritt in CSU (im Alter von 16 Jahren);

1981: Zum Vorsitzenden des CSU-Ortsverbandes Breitengüßbach gewählt (hatte dieses Amt bis zum freiwilligen Rückzug im April 1999 inne). Innerhalb von vier Wochen stieg die Mitgliederzahl auf 80, da bei der ersten CSU-Versammlung unter seiner Leitung viele Neuaufnahmen gelangen. Pfister wurde mehrfach wiedergewählt, aber stets mit einem Drittel Gegenstimmen: „Mich mögn ned alla", was sich auch aus vielen anonymen Briefen und Schreiben herauslesen lässt, da Pfister mit handfesten Drohungen und derben Beschimpfungen verunglimpft wurde. Aber: Wer austeilt, kann auch einstecken;

1984: Wahl in den Gemeinderat von Breitengüßbach (bis 31. Dezember 2006 angehörig) mit 1007 Stimmen;

Bei der Kreistagswahl auf dem ersten Nachrückerplatz der CSU-Liste gelandet (vom 59. auf den 39.Platz im Kommunalwahl-Weitsprung vorgerückt);

1987: für Hans-Georg Schubert aus Bischberg, der als Bankvorstand nach Haßfurt wechselte;

1990: Bei Kreistagswahl vom CSU-Listenplatz 42 auf Rang 7 geklettert durch 43.356 Stimmen;

Bei Gemeinderatswahl in Breitengüßbach mit 1774 Stimmen Primus aller Parteien und Listen;

1996: Bei Kreistagswahl vom Listenplatz 31 auf Rang 3 der CSU emporgeschnellt (hinter Landrat und Landtagsabgeordnetem, mit 55.731 Stimmen)

Bei Gemeinderatswahl mit 1714 Stimmen das beste CSU-Ergebnis erzielt;

1997: Der CSU-Bezirksvorsitzende Georg von Waldenfels möchte Georg Pfister zur Landtagswahl auf der Oberfrankenliste platzieren, da er ob seines Bekanntheitsgrades über die Liste gewählt würde. „Du wirst ein neuer Filser im Landtag." Pfister wähnte aber einen Komplott, da vor Beginn der Nominierungsversammlung unter den Delegierten das falsche Gerücht gestreut worden war, dass gegen Pfister Ermittlungen wegen Urkundenfälschung laufen würden;

1999: Rückzug als CSU-Ortsvorsitzender im April;

2000: Ernennung zum CSU-Ehrenvorsitzenden in Breitengüßbach anlässlich seines 65. Geburtstages;

2002: Bei Kreistagswahl von Platz 13 der CSU-Liste auf Rang 3 vorgewählt (67.593 Stimmen)

Bei Gemeinderatswahl nochmals mit 1277 Stimmen gewählt (Listen-Spitzenreiter), vorzeitiger Rückzug aus Gremium im Jahr 2007;

2003: Aktiver Wahlkampfhelfer für die Kandidatin Melanie Beck (die als Melanie Huml zur Staatsministerin aufstieg) bei der Landtagswahl, deren Plakate drei Wochen lang die Firmenfahrzeuge schmückten, was auf der CSU-Liste für Platz 2 reichte (220 Stimmen vor einer Mitbewerberin aus Bayreuth);

2006: Initiator der Kreis-Mittelstandsunion nach Abspaltung von Bamberg, zunächst als Vorsitzender, jetzt noch als Schatzmeister tätig und damit ältester CSU-Funktionäre überhaupt;

2010: Die Gemeinde Breitengüßbach benennt zum 75. Geburtstag eine Straße nach dem Jubilar: den Georg-Pfister-Weg, die Zufahrt zum Betriebsgelände;

2021: Ehrung durch CSU-Kreis- und Ortsverband für 70-jährige Parteizugehörigkeit;

Einen weißen Hut gab's bei der Ehrung für 70 Jahre CSU. Georg Pfister mit Ortsvorsitzendem Stefan Schor (links) sowie Kreisvorsitzenden und MdB Thomas Silberhorn und Bundestagsabgeordnete Emmi Zeulner. Foto: Johannes Michel.

TREFFEN/ ZUSAMMEN-ARBEIT MIT

(OHNE ANSPRUCH AUF VOLLSTÄNDIGKEIT)

Ministerpräsidenten:

Horst Seehofer
Edmund Stoiber
Max Streibl
Franz-Josef Strauß: „Der hot mich zammgschissen 1982 in Kloster Banz, weil ich den Parteiausschluss von CSU-Leuten gefordert hob, die für die Freie Wähler kandieren. Geht der auf mich los, ich wollt' am liebsten im Boden versinken."
Günther Beckstein

Minister:

Bundesinnenminister Horst Seehofer
Bundesinnenminister Hans-Peter Friedrich

Zusammenarbeit

Bundesverteidigungsminister Karl-Theodor zu Guttenberg
Finanzminister Georg von Waldenfels
Umweltminister Werner Schnappauf
Staatministerin Melanie Huml

Bundestagsabgeordnete:

Gerhard Scheu
Karl-Theodor zu Guttenberg
Thomas Silberhorn
Hans Michelbach
Emmy Zeulner

Landtagsabgeordnete:

Philipp Vollkommer
Monika Hohlmeier (später Europaabgeordnete)
Heinrich Rudroff
Dieter Morgenroth
Landtagspräsidentin Barbara Stamm

Landräte:

Johann Kalb
Günther Denzler
Otto Neukum
Rudolf Handwerker

Bürgermeister von Breitengüßbach:

Hans Jung
Werner Graupe
Erwin Kühnlein
Renate Hartmann
Reiner Hoffmann
Sigrid Reinfelder

Gastredner:

Innen-Staatssekretär Gerhard Eck
Wirtschafts-Staatssekretär Hans Spitzner
Staatssekretär Jürgen W. Heike
MdB Hans Michelbach

Als Mitglied der Kreistags-Elf war der Schorsch zwar nicht mehr aktiv im Einsatz, aber stets ein gern gesehener Gast, der meist den Anstoß vornahm.

MITGLIED-SCHAFTEN BEI

(OHNE ANSPRUCH AUF VOLLSTÄNDIGKEIT)

- Kreistag Bamberg (Umweltausschuss, Bau- und Wirtschaftsausschusse, Umweltausschuss);
- Zweckverband Müllheizkraftwerk
- Lokale Arbeitsgruppe (LAG) Bamberg
- Oberfranken offensiv
- Wirtschaftsbeirat Bayern, Bezirk Bamberg
- CSU-Kreisverband Bamberg-Land
- CSU-Ortsverband Breitengüßbach
- Mittelstandsunion Bamberg-Land (Initiator und ältestes Mitglied)
- Waldbesitzervereinigung Bamberg
- Bayerischer Bauernverband
- Bauinnung Bamberg
- Handwerkskammer Oberfranken
- Bund der Selbstständigen – Gewerbeverband Bayern
- Klima-Allianz Bamberg
- Landschaftspflegeverband Bamberg
- Maschinen- und Betriebshilfsring (Gründer 1971 mit über 1000 Mitgliedern)

Der Faschingsprinz.

- 20 Jahre Vorstand der Jagdgenossenschaft Hohengüßbach
- KAB-Diözesanverband Bamberg
- Verein „Unser Steigerwald"
- Kreistagsmannschaft
- Georgenverein Breitengüßbach (10 Jahre Vorsitzender bei 48 Mitgliedern)
- Flussparadies Franken
- Obst- und Gartenbauverein Hohengüßbach (Gründer zusammen mit Otto Förner 1954)
- Elferrat Breitengüßbach
- SV Zückshut (seit fast 70 Jahren, in der 1980er Jahren zwei Jahre als Notvorstand)
- TSV Breitengüßbach (seit über 40 Jahren)

- Junge Union (1989 in Breitengüßbach mit 29 Mitgliedern gegründet)
- SC Kemmern (seit 40 Jahren)
- Schorschen-Club (mit 48 Görchen aus Breitengüßbach gegründet)

Wie viele Sportvereine Pfister mit Trikotspenden ausgerüstet hat, vermag er nicht mehr abzuschätzen. Am Beispiel der AH-Teams des TSV Breitengüßbach lässt sich aber vermuten, dass es Dutzende waren. Über 30 waren es sicher. „Wir geben dafür viele Tausend Euro Euro im Jahr aus." Aber er freut sich daran, wenn Menschen Sport treiben, besonders die jungen. „Wir selber haben damals zur Zeit der Währungsreform ned amol an Ball ghabt", umschreibt er seine Motivation den Vereinen zu helfen. Er ist in über 30 Vereinen des Landkreises Mitglied.

Ein „Sportauftritt" ist Georg Pfister besonders wichtig und in angenehmer Erinnerung geblieben: Bei den bayerischen Meisterschaften im Garde- und Showtanz 2002 in der Breitengüßbacher Hans-Jung-Halle fungierte er als Schirmherr und durfte den hübschen, jungen Damen jeweils die Siegermedaillen umhängen. Das gefiel ihm genauso wie die anmutigen Tänze der Gruppen in unterschiedlichen Alters- und Leistungsgruppen, die aus ganz Deutschland angereist waren.

Grußwort des Schirmherrn

Als Schirmherr der 26. Bayerischen Meisterschaften 2002 im Garde- und Showtanz, freue ich mich, dass unsere Gemeinde Austragungsort dieser Veranstaltung ist.
Gerne habe ich hierfür die Schirmherrschaft übernommen.

Dem Engagement und dem Arbeitseinsatz der Verantwortlichen gilt mein besonderer Dank.

Mit über 35 Meistertiteln in vier verschiedenen Disziplinen bei Bayerischen, Deutschen und Europäischen Meisterschaften ist die Tanzsportabteilung des Turn- und Sportvereins Breitengüßbach eine der erfolgreichsten Tanzsportgruppen Europas und mit einer ständig wachsenden Mitgliederzahl eine der aktivsten Abteilungen innerhalb des TSV.

Tanzen ist die Kombination von sportlicher und körperlicher Höchstleistung mit schwingender Eleganz. Auch das festliche Ambiente kommt nicht zu kurz. Dies alles macht die Faszination aus, die der Tanzsport auf viele Menschen ausübt. Tanzen ist eine der attraktivsten Sportarten überhaupt.

Der Tanzsportabteilung des TSV Breitengüßbach wünsche ich einen zufriedenstellenden Turnierverlauf mit regem Zuschauerzuspruch. Allen Aktiven, besonders natürlich den Mädchen aus Breitengüßbach, wünsche ich viel sportlichen Erfolg im Wettstreit um 1. Plätze; den Funktionären und Gästen einen angenehmen Aufenthalt in Breitengüßbach.

Mit sportlichen Grüßen

Georg Pfister
Schirmherr, Kreis- und Gemeinderat

Seit Jahrzehnten stattet die Firma Pfister viele Mannschaften mit Trikots aus.

Sport
adidas

Auch als Schirmherr oder Pokalspender ließ sich der Sportfreund nicht lumpen. So unterstützte er die TSV-Hallenturniere „New Years Kick für kids" in Breitengüßbach über Jahre hinweg großzügig durch Werbung in der Halle, in der Turnierzeitschrift und auch monetär, weil's ihm die Sportjugend besonders angetan hat. Auch beim Eugen-Ott-Gedächtnisturnier 2021 übernahm Pfister sofort die Schirmherrschaft.

Von der Großherzigkeit Pfisters haben TSV und Gemeinde Breitengüßbach mehrfach profitiert. So beim Bau des Waldstadions ab Mai 2000. In Abstimmung mit Bürgermeister Reiner Hoffmann und der Gemeinde suchte der TSV nach einem Areal für ein weiteres Fußballfeld und wurde im Wald östlich des Vereinsheimes Frankenstuben fündig. Pfister erklärte sich bereit, das höher liegende Gelände komplett abzutragen, weil er darunter Sand vermutete, den er an anderen Baustellen nutzen könnte. Zum Beispiel beim laufenden Neubau des Boschwerkes am Börstig. Rund 80.000 Kubikmeter Erdreich wurden bewegt, 5000 davon wurden zum Bosch-Neubauprojekt und wieder zurück gekarrt. „Das war zu weich und zu viel Lehm drin, das hat nicht gehalten. Da hob ich ein poor Hunderttausender freckt gemacht." Das schlammhaltige Material landete gar in den Porzner-Baggerseen bei Zapfendorf, der Rest auf der Pfister-Deponie in Zückshut. Das ersparte Pfister aber nicht der Kritik im Gemeinderat und an manchem Biertisch, dass er mit der Wohltat eigentlich ein gutes Geschäft gemacht habe, da er nun über (wertvollen) Sand verfüge. Dem widerspricht der Unternehmer noch heute vehement.

Mit umfangreichen Erdarbeiten begann der Bau des TSV-Waldstadions.

Nochmals zeigte sich Pfister entgegenkommend, da der TSV in den Genuss eines DFB-Geschenkes kam: Ein Kunstrasen-Minispielfeld, das zusammen mit der TSV-Alm im Oktober 2008 eingeweiht wurde und seither die Nachwuchs-Kicker begeistert. Die Erdarbeiten nach den exakten Vorgaben des DFB erledigten die Fachleute aus Hohengüßbach akkurat.

Im Sommer 2009 ging es in einem Mammutturnier sogar um den Georg-Pfister-Cup. „Ich war in meinem Leben auf 1000 Sportplätzen", zieht Pfister Bilanz. „An manchen Wochenenden auf fünf oder sechs."

PRESSESCHAU

An der Pockenimpfung gestorben

Im Bamberger Krankenhaus verstarb vor wenigen Tagen das 7 Monate alte Kind Andreas Pfister aus Hohengüßbach an den Folgen einer Erkrankung, die anschließend an die erfolgte Pockenschutzimpfung auftrat. Wie wir hören, sind nach der öffentlichen Pockenimpfung in Hohengüßbach noch einige weitere Kinder, allerdings ungefährlich erkrankt. Die Untersuchungen über die Ursachen der Erkrankungen, von denen die eine leider trotz aller ärztlichen Bemühungen zum Tode eines Kleinkindes führte, sind im Gange.

Meldung im Bamberger Tagblatt über den Tod des Erstgeborenen anno 1957.

Georg Pfister nimmt nach 23 Jahren Abschied vom Rat

VON UNSERER MITARBEITERIN **CHRISTINE BREHM**

Breitengüßbach – Nach 23 Jahren im Gemeinderat verlässt Georg Pfister nun das Gremium zum Jahresende aus gesundheitlichen und altersbedingten Gründen. Anlässlich der Weihnachtsfeier der Gemeinde würdigte Erster Bürgermeister Reiner Hoffmann den „Mann mit Hut“.

Stets habe Georg Pfister seine Meinung oder die Interessen der CSU vertreten, so Hoffmann, auch wenn sie manchem nicht passte. Gern neckte und provozierte er, bis ihm dann selbst der Kragen platzte, fand dann doch auch wieder versöhnliche Worte. Mit seinen Sticheleien und Anspielungen machte er so manche trockene Sitzung des Rates erträglich.

Besonders hob der Bürgermeister hervor, dass z. B. bei Ausschreibungen zum Straßenbau gerne auf den Rat von Georg Pfisters gehört wurde. Auch zeigte er seine Hilfsbereitschaft und sein großes Herz, indem er seine Fahrzeuge und Geräte den Vereinen, der Gemeinde oder auch der Kirche kostenlos zur Verfügung stellte und mit Rat und Tat zur Seite stand.

Mit seinem Tiefbauunternehmen sei Georg Pfister außerdem einer der größten Arbeitgeber der Gemeinde. Obwohl er sich gerne mit manchem seiner Gemeinderatskollegen stritt, hatte er doch stets das Wohl der Gemeinde im Auge. Auch wenn er jetzt das Gremium verlässt, so der Bürgermeister, hofft er doch darauf, dass Georg Pfister der Gemeinde weiterhin zur Seite steht und wünschte ihm recht viel Gesundheit für die Zukunft.

Georg Pfister wünschte seinen Ratskollegen, dass es „mit Breitengüßbach weiter aufwärts“ gehen solle. Um Verzeihung bat er bei seinem Abschied alle, denen er „in der Hitze des Gefechts“ vielleicht zu nahe getreten sein sollte.

Georg Pfister bei seinen Abschiedsworten vor dem Gemeinderat Breitengüßbach.

FT vom 29. Dezember 2006.

Der schwarze Hut ist sein Markenzeichen. Der jetzt 70-jährige Georg Pfister grüßt seine Fans. FT-Foto: Herbst

Trubel um den „Mann mit dem Hut"

Großer Auftrieb zum 70. Geburtstag des Unternehmers Georg Pfister

von Sabina Sitzmann-Simon

BREITENGÜSSBACH. Mit nagelneuem schwarzem Hut auf dem Kopf schwebte Georg Pfister mit seinem Helikopter an der Hans-Jung-Halle ein, wo viele Gäste den Jubilar erwarteten. Das war der Auftakt zu einem kurzweiligen Fest, das musikalisch vom „Duo Melodie" untermalt wurde. Freunde, Verwandte, Mitarbeiter, Kunden, Lieferanten, Kollegen und viele politische Weggefährten beglückwünschten den Neu-70-er, der zweifellos einer der bekanntesten Bürger des Landkreises Bamberg ist.

Bereits am eigentlichen Geburtstag, dem 5. Oktober, riss im Haus der Familie in Hohengüßbach der Strom der Gratulanten nicht ab.

Der Jubilar blickte in seiner einstündigen spontanen Rede dankbar auf sein Leben zurück, es sei ihm vergönnt gewesen, aus kleinsten Anfängen etwas zu erreichen: „Ich bin mit einem Fahrrad, einem Bündel und dem, was ich am Leib trug, hier angekommen". Er hatte auch schwere Zeiten zu überstehen. Nachdem seine Firma 1985 kurz vor dem Aus gestanden hatte, erkrankte er knapp drei Jahre später an Krebs, die Ärzte hatten ihn bereits aufgegeben: „Die Liebe und Fürsorge meiner Familie, mein Optimismus und die viele Arbeit in der Firma haben mir das Leben gerettet. Ich hatte keine Zeit zum Kranksein und noch zu viele Ziele, um so früh zu sterben."

Pfister ist nicht „nur" Unternehmer (ihm gehört eine der größten Tiefbaufirmen in Nordbayern); seit über 50 Jahren ist er auch Mitglied der CSU, er war viele Jahre Ortsvorsitzender in Breitengüßbach und hat im dortigen Gemeinderat sowie im Kreistag zu Bamberg Sitz und Stimme. Und so gratulierten auch hochrangige Vertreter aus der Politik wie der Staatssekretär für Arbeit und Sozialordnung, Familie und Frauen, Jürgen W. Heike aus Coburg, sowie Landrat und Bezirkstagspräsident Dr. Günther Denzler und der Bundestagsabgeordnete Thomas Silberhorn. Auch der Hausherr, der Breitengüßbacher Bürgermeister Rainer Hoffmann, war unter den Gratulanten. Als Politiker sage Pfister offen seine Meinung („Bei CSU-Parteitagen wird es immer still, wenn sich Georg Pfister zu Wort meldet").

Der Unterhaltungswert der Politiker-Grußworte, die einen durchaus nicht alltäglichen „Spaßfaktor" beinhalteten, wurde vom Auftritt der „Breitengüßbacher Wappenfraa" noch übertroffen. Leni Hertel, die normalerweise in der Breitengüßbacher Bütt die örtliche Prominenz auf die Schippe nimmt, resümierte das Leben von Georg Pfister mit einem Augenzwinkern, Witz, Humor und viel Insiderwissen.

Georg Pfister ist auch als großzügiger Sponsor für zahlreiche Sportvereine und soziale Projekte bekannt. Und so ließen es sich zwei Gruppen der Abteilung Schautanz im TSV Breitengüßbach nicht nehmen, dem Jubilar künstlerisch zu gratulieren.

FT vom 11. Oktober 2005.

BAYERISCHE STAATSZEITUNG NR. 41

ZEHN FRAGEN AN ...

Georg Pfister, der auf dem CSU-Parteitag die Abspaltung Bayerns vom Bund forderte

Seit 1951 ist der 72-jährige gelernte Landwirt in der Partei. Sich selber nennt er „das Urgestein der CSU im Landkreis Bamberg", wo er seit 1987 im Kreistag sitzt. Vor zwölf Jahren hat der Tiefbau-Unternehmer den Hubschrauberpilotenschein gemacht.

1 *Welche kleinen Dinge des Alltags können Sie glücklich machen?*
Zum Beispiel schon das lustige Vogelgezwitscher am frühen Morgen gibt mir gute Laune und Auftrieb.

2 *Wie motivieren Sie sich, wenn mal alles schief läuft?*
Dann denke ich als Optimist: Schlimmer kann es nicht kommen, es kann nur noch aufwärts gehen.

3 *Welche menschliche Eigenschaft fordert Ihnen am meisten Respekt ab?*
Vor fleißigen und ehrlichen Menschen habe ich größten Respekt.

4 *Gibt es für Sie noch einen großen unerfüllten Lebenswunsch?*
Mehr Menschlichkeit und Wertschätzung und weniger Neid und Missgunst unter den Mitmenschen.

5 *Wie entspannen Sie sich nach einem langen Arbeitstag?*
Abends sehe ich gerne Fernsehdokumentationen sowie Cowboy- oder Heimatfilme.

6 *Ihre Lieblingslektüre?*
Das sind meine vielen Atlanten, die ich in meiner knappen Freizeit immer wieder zur Hand nehme, auch um Geschehnisse der Fernsehberichte zu verfolgen.

7 *Welchen Luxus gönnen Sie sich hin und wieder?*
Im Grunde bin ich ein sehr bescheidener Mensch. Da ich aber sehr gesellig bin, gehe ich gerne unter Menschen, zum Beispiel in die Eisdiele. Wegen meiner offenen, direkten und menschlichen Art werde ich überall mit Sympathie aufgenommen und oft um Rat und Hilfe gebeten.

8 *Wie stellen Sie sich einen perfekten Urlaub vor?*
Ich habe bisher noch keinen Urlaub gemacht. Da ich ein Arbeitstier bin, würde mir die Arbeit fehlen, und ich würde krank werden.

9 *Was würden Sie einem jungen Menschen gern mit auf den Weg geben?*
Jungen Menschen wünsche ich gute Lehrer und Vorbilder, die sie zum Lernen motivieren. Die Jugend soll ihre Möglichkeiten mit Fleiß nutzen, um im beruflichen sowie im privaten Leben Erfolg zu haben

Aus der Bayerischen Staatszeitung vom 5. Oktober 2007.

Delegierter Pfister spricht, der Parteitag lacht

CSU Der Breitengüßbacher Bauunternehmer Georg Pfister hatte beim Parteitag der CSU einen denkwürdigen Auftritt. Das Video dazu hat im Internet eine beachtliche Fangemeinde gefunden. Ministerpräsident will Pfister dennoch nicht werden.

VON UNSEREN REDAKTIONSMITGLIEDERN
BENJAMIN KEMMER UND MARTIN UTZ

Breitengüßbach – Parteitage in Deutschland sind meist recht trockene, langatmige Veranstaltungen. Nun hat sich die CSU in letzter Zeit redlich bemüht, für etwas mehr Spannung zu sorgen. Die Querelen um Stoiber, Beckstein, Huber und Seehofer aber wurden beim jüngsten Zusammentreffen der Delegierten der Christsozialen noch übertroffen, als Georg Pfister seinen Auftritt in der Messehalle in München hatte.

In Bamberg und dem Landkreis sind die Auftritte des Unternehmers mit dem Hut als Markenzeichen bekannt. Unter dem Punkt Aussprache holte Pfister vom Rednerpult zum Rundumschlag aus: Bürokratie, Rauchverbot, BayernLB. Recht betroffene Gesichter machten da die Herren Stoiber und Beckstein, als die Phoenix-Kamera sie während der Pfisterschen Brandrede einfing. Die Anspannung löste sich aber auch bald wieder. Mit einem laut in den Saal gerufenen „Ja, wo leben wir denn?!" erntete er als Echo johlenden Beifall – und die Parteiprominenz in Reihe eins lächelte über ihren Parteifreund, der schon seit Jahren eine Art Inventar der CSU-Zusammenkünfte ist. Das Lachen konnte Stoiber nicht mehr unterdrücken, als Pfister über Kanzlerin und CDU-Vorsitzende Angela Merkel herzog. Die hätte man gar nicht rein lassen sollen zum CSU-Parteitag. Denn: „Die Preußen mögen uns net."

Noch Tage später war Pfister von seinem eigenen Auftritt berauscht. „Eigentlich wollte ich nur kurz drei Fragen an die Partei-Oberen stellen, aber dann hat's mich überkommen und ich hab' alles erzählt", erklärte der Bauunternehmer gegenüber unserer Zeitung. Sonst sieht er die Arbeit der „roten Zeitung" allerdings eher kritisch, wollen sie doch immer nur das eine: schlechte Nachrichten über die eigene Partei. Aber wenn sie ihm dienlich ist, kann man ja mal mit den Redakteuren reden.

In den Tagen nach dem Parteitag habe bei Pfister oft das Telefon geklingelt. Viele hätten ihn auf seine Rede angesprochen. Geschimpft hat aber angeblich keiner. „Alle haben sie gesagt, ‚Pfister, das hätt' schon längst mal einer sagen müssen'!" Stolz berichtet Pfister weiter, dass sogar auf dem Parteitag Dankadressen an ihn gerichtet wurden. Eine jüngere Frau aus München sagte gar, dass ihre Mutter Pfister für seine Ehrlichkeit verehre.

Gefreut hat sich Pfister über Zwischenrufe aus dem Publikum während seiner Rede. Einer plädierte sogar für „Pfister als Ministerpräsident". Doch die Ehre ist dem 73-Jährigen dann doch zu viel. „Die sagen alle, ich wär' zu alt."

Nur von Horst Seehofer bekam Pfister noch keine Rückmeldung. „Der war dann gleich verschwunden", erinnert sich der Breitengüßbacher. Allerdings kann es durchaus sein, dass sich der Ministerpräsident noch bei Pfister meldet. Zum einen kennen sich beide schon seit über 25 Jahren und sind angeblich sogar per Du. Zum anderen bot ihm der fränkische Unternehmer zum Schluss seiner Rede auch seine Hilfe an: „Merken Sie auf den Pfister, dann werden Sie nie Misserfolg haben!"

Zur Person

Beruf Georg Pfister ist Inhaber einer der größten Tiefbaufirmen in Nordbayern. Von klein auf hat er die Firma groß gemacht – anfangs indem er mit dem Traktor Gräben zog. 1985 stand das Unternehmen kurz vor dem Aus und er erkrankte an Krebs. Damals gelobte Pfister, im Falle seiner Genesung stets einen schwarzen Hut zu tragen.

Politik Neben dem Beruf ist die Politik Pfisters Leidenschaft. Er ist heute Beisitzer im Vorstand der CSU im Landkreis Bamberg und ist seit Jahren immer wieder mit großer Mehrheit zum Parteitagsdelegierten gewählt worden. Lange Jahre war er Gemeinderat. Kreisrat ist er heute noch.

Sponsor Georg Pfister ist als Gönner von zahlreichen Sportvereinen und sozialen Projekten bekannt.

Mehr im Netz
www.inFranken.de

FT vom 14. November 2008.

Ein „Fünfjahresplan" der Firma Pfister

Konzept für Freizeitland bei Trunstadt „steht" – Auch Natur kommt zu ihrem Recht

TRUNSTADT. Wohl niemand im Bamberger Land verbindet den Namen Pfister auf Anhieb mit dem Begriff „Fünfjahresplan". Zumindest bei einem der vielen Projekte des Hohengüßbacher Tiefbau-Unternehmens aber kommt man an dieser Anleihe aus dem Vokabular des Kommunismus nicht vorbei: bei der „Manfred Pfister Freizeitland GmbH".

von Hans Werner Penning

Denn der Plan dafür ist fertig, die Realisierung aber soll fünf Jahre dauern, so Manfred Pfister. Bis dahin dürfte der Kiesabbau auf dem Gelände zwischen Roßstadt und Trunstadt abgeschlossen sein und so lange wird es parallel dazu dauern, bis das Freizeitland entsteht.

Gleich mehrere Planungsbüros, Gutachter und Behörden waren bzw. sind unter der Federführung der Bamberger Planungsgruppe Strunz damit befasst, ein Konzept für das 120 Hektar große „Freizeitland" am Main an der Grenze zwischen Ober- und Unterfranken zu schaffen. Noch in diesem Herbst sollen die Unterlagen zur Planfeststellung bei der Regierung eingereicht werden.

Vorgesehen ist darin alles, was das Herz des Wassersportlers begehrt. Platz genug hat man dafür, sind doch etwa 80 Hektar des Areals Wasserfläche. Auf der Roßstadter Seite etwa eine Wasserski-Anlage mit Betriebsgebäude und Zuschauer-Terrasse und, davon abgegrenzt, ein Badesee. Die nächste Wasserski-Möglichkeit besteht übrigens in Oberthulba bei Schweinfurt. Im oberfränkischen Teil laufen mehrere Genehmigungsverfahren: so wird die Überschwemmungs-Grenze im Bereich des geplanten Campingplatzes zum Main verschoben. Ein hydraulischer Ausgleich erfolgt dafür am „Büro-See" und an einer Mulde an der B 26, sodass die Camper nach menschlichem und auch behördlichem Ermessen nicht von Hochwasser bedroht sein werden.

Ein weiteres Schmuckstück im Maintal soll der Yachthafen werden. Geplant sind Liegeplätze für 80 Motor- und weitere 30 bis 40 Segelboote. Am etwa drei Meter tiefen Hafenbecken sollen auch einige Gebäude entstehen: ein Café-Restaurant mit Aufenthaltsräumen, angedacht sind aber auch noch eine Bootstankstelle und eine Slip-Anlage mit Kran, um reparaturbedürftige Schiffe aus dem Wasser hieven zu können. Rund 600 Parkplätze sollen eine problemlose Anfahrt gewährleisten.

„Schaut her, der Plan ist fertig": Seniorchef Georg Pfister mit dem Konzept für „sein" Freizeitland, das der „70er" für die Menschen im Bamberger Land noch schaffen will. FT-Foto: Barbara Herbst

Der Dank von Manfred Pfister geht vor allem an das federführende bayerische Wirtschaftsministerium, das so manches Hindernis aus dem Weg zu räumen half, z.B. mit einer Ausnahmegenehmigung für den Motorbootverkehr. Auch die schifffahrtspolizeiliche Genehmigung für das Projekt liegt seit Frühjahr vor. Sehr gut laufe auch die Koordination zwischen Umwelt- und Genehmigungsbehörden.

Weitgehend abgeschlossen ist die Sanierung des Areals, nachdem hier in den 90-er Jahren des vergangenen Jahrhunderts unerlaubte Reststoffe abgelagert worden waren. Das Verfahren des „kontrollierten Liegenlassens" hat die erwarteten positiven Ergebnisse gebracht. „Die Oberflächen-Abdichtung hat die Gefahrenstelle vollends entschärft", ist sich Manfred Pfister sicher. „Jetzt stürzen wir uns aber nicht in Unkosten für eine rasche Verwirklichung, schon Planung und Gutachten haben eine Menge Geld verschlungen, ebenso die Umweltverträglichkeitsprüfung". All das zahlt die Firma Pfister, die jetzt dem Genehmigungsverfahren für ihre Planung optimistisch entgegen sieht. Etwa 20 der 120 Hektar Gesamtfläche sollen als Biotop Flora und Fauna zugute kommen. Dass sich beide Vorhaben miteinander vereinbaren lassen, hat das Nürnberger Planungsbüro „Anuva" gründlich untersucht, so Diplom-Biologe Klaus Albrecht. Vor allem die schilfreichen Ufer sind für geschützte Arten wie Blaukehlchen oder Beutelmeisen sehr wertvoll. „Auf Grund der großen Fläche bleibt bei vernünftiger Planung genügend Lebens- und Rückzugsraum auch für Tiere, Vögel, Amphibien, Wildbienen und Heuschrecken", so der Biologe.

Die Gemeinde Viereth-Trunstadt wird im Rahmen des Planfeststellungsverfahrens zu dem Projekt gehört, so Bürgermeister Edwin Mahr.

FT vom 15. Oktober 2005 – aus den 5 wurden schon 15 Jahre.

FT, 1.11.06

Kein Verfahren gegen Pfister

ERMITTLUNGEN Die Staatsanwaltschaft Hof schließt die Akten wegen angeblichen Submissions-Betruges ergebnislos.

VON UNSEREM REDAKTIONSMITGLIED
HANS WERNER PENNING

Hohengüßbach – Eingestellt worden ist von der Staatsanwaltschaft Hof das Ermittlungsverfahren gegen den Unternehmer und Kreisrat Georg Pfister. Laut Leitendem Oberstaatsanwalt Gerhard Schmitt hätten sich trotz umfassender Ermittlungen keine Hinweise auf gesetzeswidrige Handlungen ergeben.

„Wir haben nach dem Anfangsverdacht alles geprüft", so Schmitt, auch im Zusammenhang mit der Nürnberger Firma Brochier. Auch dort hätten die Ermittlungen keinerlei Ergebnis gezeitigt; dieses Verfahren werde ebenfalls eingestellt.

Für erlittene geschäftliche und finanzielle Einbußen stehen Georg Pfister laut Staatsanwaltschaft „möglicherweise" Entschädigungsansprüche zu. Von dieser Möglichkeit will Pfister in jedem Fall Gebrauch machen, da die Einbußen nach der anonymen Anzeige erheblich gewesen seien. „Das kann sogar eine Millionen-Klage wegen Verleumdung geben". So sei er wiederholt bei oder vor Auftragsvergaben auf das Ermittlungsverfahren gegen sich angesprochen worden, manche möglichen Auftraggeber hätten sich darauf hin anders orientiert. Kommunalpolitiker in führender Position seien aufgefordert worden, an sein Unternehmen keine Aufträge mehr zu vergeben. Wie schlimm eine solche Situation für ein Unternehmen sein könne, zeige sich an der Entwicklung der Fa. Brochier in Nürnberg, die in erhebliche Turbulenzen geraten sei. Bei einem Ingenieurbüro wurden in Abwesenheit des Besitzers sogar die Arbeitsräume von der Staatsanwaltschaft aufgebrochen und durchsucht – natürlich ohne Ergebnis. „Und alles nur wegen einer anonymen Anzeige – das sind doch Stasi-Methoden", schimpft Georg Pfister.

Georg Pfister

„Kenne den Diffamierer"

Und ohne einen Namen zu nennen, zeigt er sich völlig sicher, von wem die anonyme Anzeige ausgegangen ist: Von einem politischen Gegner, der seine Firma treffen wollte und von dem er „sicher ist, dass der hinter der Anzeige steckt". Darauf hin habe sich ein Apparat mit 30 Beamten in Bewegung gesetzt.

FT vom November 2006.

Pfister: Aussage nicht strafbar

Staatsanwaltschaft Bamberg sieht von Verfahren gegen Kreisrat ab

Die Staatsanwaltschaft Bamberg sieht von der Einleitung eines Ermittlungsverfahrens gegen Kreisrat Georg Pfister (CSU) ab. Pfisters Äußerungen im Kreisausschuss vom 18. Februar stellten auch dann kein strafbares Verhalten dar, so Leitender Oberstaatsanwalt Joseph Düsel, wenn man von dem von den Anzeigeerstattern vorgetragenen Wortlaut ausgehe.

„Unter diesen Umständen besteht kein Anlass, durch Vernehmung von Zeugen den Sachverhalt näher aufzuklären", so Düsel zum FT. Eine Volksverhetzung i. S. d. § 130 Strafgesetzbuch liege nicht vor, weil die angeblichen Erklärungen des Beschuldigten offensichtlich nicht von der Motivation bestimmt waren, zum Hass, d. h. zu einer emotional gesteigerten feindseligen Haltung gegen Teile der Bevölkerung aufzustacheln – wobei offen bleiben kann, wen der Beschuldigte tatsächlich gemeint hat. Auch ein Angriff gegen die Menschenwürde anderer könne dem Beschuldigten nicht unterstellt werden. Es sei nicht erkennbar, dass den Angegriffenen ihr Lebensrecht in der staatlichen Gemeinschaft bestritten wird oder sie als „unterwertige Menschen" gekennzeichnet werden sollen. Pfister hatte im Kreisausschuss einen „Volksgerichtshof" gefordert.

Eine Strafbarkeit wegen Beleidigung, so Düsel abschließend, scheide jedenfalls unter dem Gesichtspunkt der Wahrnehmung berechtigter Interessen im Hinblick auf das Grundrecht der Meinungsfreiheit aus. Nach der Rechtsprechung des Bundesverfassungsgerichts ist bei Äußerungen im Rahmen öffentlicher und politischer Meinungsbildung auch „scharfe und überzogene Kritik" erlaubt. Die Grenzen zur strafbaren „Schmähkritik", bei der die Diffamierung der Person im Vordergrund steht, seien hier nicht erreicht.

Denkbar zufrieden mit der Entscheidung der Staatsanwaltschaft: CSU-Kreisrat Georg Pfister. FT-Foto: Matthias Hoch

Der mit dem Hut

PARTEITAG Der Bamberger Delegierte Georg Pfister sagt das, was die CSU gern hört – aber lieber nicht sagen will. In Nürnberg hatte der 79-Jährige jetzt wieder einen großen Auftritt.

VON UNSEREM KORRESPONDENTEN **THOMAS LANGE**

Nürnberg – Als Georg Pfister im Oktober vor vier Jahren seinen 75. Geburtstag feierte, da landete er mit dem Hubschrauber vor der Hans-Jung-Halle im heimatlichen Breitengüßbach, stieg aus und lupfte den Hut zum Gruß. Der Hubschrauber war die Ausnahme, aber den Hut hat er immer auf. Oft werde er gefragt, was denn „der mit dem Hut" aus Bamberg macht, sagte der Coburger Bundestagsabgeordnete und Chef der CSU-Mittelstandsvereinigung, Hans Michelbach, damals in seiner Würdigung.

Was wird er schon machen? Er kümmert sich nach wie vor um sein Hohengüßbacher Bauunternehmen und spricht ansonsten mit Vorliebe bei CSU-Parteitagen – mit Hut, natürlich. Dort gilt er den Delegierten als eingetragenes Mitglied im Verein für deutliche Aussprache.

Rebell, Unikum oder Original?

Es ist leicht, Georg Pfister einfach ein gängiges Etikett aufzukleben. Den überregionalen Medien gilt er als „CSU-Rebell", was schon mal falsch ist. Pfister ist seit 63 Jahren in der Partei, und er war, so jedenfalls der frühere Bamberger CSU-Landrat Günther Denzler, „der bestgewählte Kreisrat aller Zeiten". Rebell? Nur, weil er auf Parteitagen das sagt, was Delegierte oft gerne hören, was aber die von ihm so angesprochene „hohe Führung" schon aus Gründen der Diplomatie und der politischen Korrektheit lieber nicht sagen will? Ersatzweise müssen dann die Begriffe „Unikum" oder „Original" herhalten. In diesen Begriffen – letzterer wurde auch in dieser Zeitung anlässlich des jüngsten CSU-Parteitags gebraucht – schwingt aber eine belächelnde Abschätzigkeit mit, die Georg Pfister schon aufgrund seiner Lebensleistung mit Gründung und Aufbau eines Familienunternehmens schlicht nicht verdient hat.

Schwieriger fällt da schon die parteipolitische Einordnung. Auch hier gilt Georg Pfister – schon wegen seiner gelegentlich skurrilen Auftritte – vielen als Außenseiter in der CSU. Genau das ist er aber nicht.

„Die Preußen ham unseren König kaputt gemacht, und den Strauß wolltens auch net. Aber unser Geld, des wollns."

Georg Pfister CSU

Die Seele der CSU

Wer dem Mann mit dem Hut aufmerksam zuhört und dabei dessen Ruf als Querulant ebenso ausblendet wie die ziemlich holzschnittartige Wortwahl, der kann durchaus zu der Auffassung gelangen, dass hier einer die Seele der CSU verkörpert.

Und zwar jene Seele, die eben nicht in den Stapeln von bedrucktem Papier lebt, die von den Delegierten dann als Leitanträge abgesegnet werden. Aber sehr wohl in der Masse der treuen Mitglieder, die eher still leiden unter manchem Zugeständnis an die Erfordernisse der „politischen Lage". Georg Pfister redet frei, was in seinem Fall nicht nur heißt, dass er ohne Manuskript spricht und gern auch mal länger. So geschehen einmal mehr beim CSU-Parteitag am vergangenen Wochenende. „Man soll auf den Pfister hören," sagte der Mann mit Hut – und legte los.

Zum Beispiel zum Länderfinanzausgleich: „Die Preußen ham unseren König kaputt gemacht, und den Strauß wolltens auch net. Aber unser Geld, des wollns." Oder an die Adresse von Horst Seehofer: „Herr Ministerpräsident, Ihre nächste Tätigkeit: Zahlen Sie einfach nichts mehr." Oder zum Freistaat Bayern, wieder an Seehofer gewandt: „Des is Ihre einzige Pflicht: Bayern muss ein eigener Staat werden."

CSU-Rebell, Unikum, Original oder Außenseiter? Die Mehrheit der Delegierten zollte Beifall, und ja, auch Jubel. Georg Pfister hatte ihnen aus der Seele gesprochen. Mit einem „schönen Wort zum dritten Advent", wie Diskussionsleiter Joachim Herrmann belächelnd meinte.

Im Februar findet ein kleiner Parteitag der CSU statt. Der Mann mit Hut, der auf seine Art ein Urgestein der Partei ist, wird hoffentlich wieder dabei sein.

Video
Ein Video von Georg Pfisters Rede beim Parteitag finden Sie auf

inFranken.de

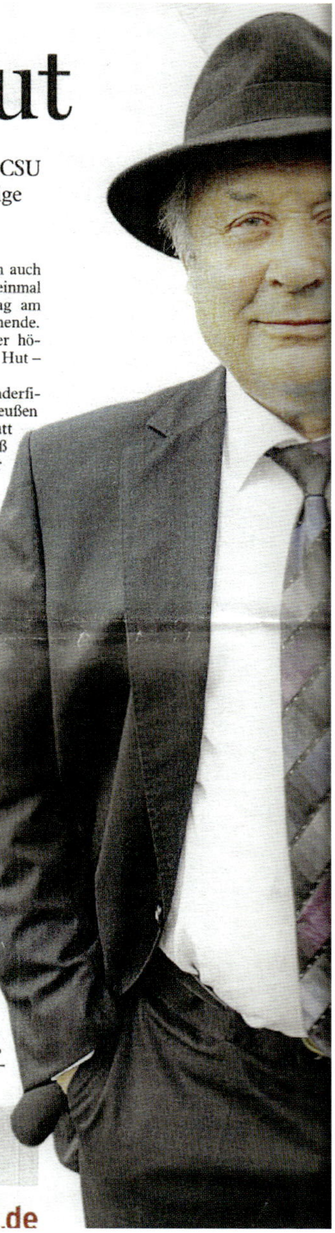

FT im Frühjahr 2005.

Stadt & Land-Gespräch

von **Nadine Nüsslein**

n.nuesslein@infranken.de

Der „Mann mit dem Hut“ konnte am letzten Montag ein großes Fest feiern: **Georg Pfister** wurde 80 Jahre! Eine Feier im klassischen Sinn gab es allerdings nicht. Vielmehr war bei Tiefbau Pfister in Hohengüßbach Tag der offenen Tür und die Gratulanten konnten den ganzen Tag über kommen. Und das taten sie auch: Mehr als 600 Personen kamen bis weit nach 22 Uhr! Unzählige Glückwünsche, Präsente und Telefonate nahm der bestens gelaunte Jubilar entgegen und freute sich über jeden Einzelnen, der an ihn dachte. So kamen vom Politiker bis zum ehemaligen Angestellten viele Gratulanten, die teils in einer Schlange anstehen mussten. Diese Aufmerksamkeit ist auch ein Zeichen seiner großen Beliebtheit. Denn sein Lebensmotto und Erfolgsrezept lautet nach wie vor: „Was du nicht willst, dass man dir tu', das füg' auch keinem andern zu.“ Ein eigenes Geschenk hat sich Georg Pfister selbst auch gemacht. Er baute sich aus Dankbarkeit eine Marienkapelle, die dem heiligen Georg gewidmet ist. Georg Pfister ist noch immer ein Mann der Tat und hat sich sein „Imperium“ mit „nichts in der Tasche“ selbst und mit eigener Kraft einst aufgebaut. Daher verwundert diese Aussage nicht: „Seitdem ich 14,5 Jahre alt war, mache ich Urlaub. Denn seither bin ich selbstständig und mache immer das, was ich will.“

Der Juniorchef und der Seniorchef des großen Familienbetriebs Tiefbau Pfister: Firmengründer Georg Pfister, der am 5. Oktober 80 Jahre alt wurde, und sein Enkel Manuel Pfister.

Dem Jubilar Georg Pfister (Mitte) gratulierte auch der stellvertretende Landrat Johann Pfister. Mit im Bild ist die Tochter von Georg Pfister, Andrea Hummel.
Fotos: Nadine Nüsslein

Das Geburtstagskind ist sichtlich stolz auf seine Kapelle, die er aus Dankbarkeit errichtet hat. Die Marienstatue stammt sogar aus dem bekannten Wallfahrtsort Medjugorje in Bosnien-Herzegowina.

Zu seinem 80. Geburtstag baute Georg Pfister seine eigene Kapelle. Mit Ehefrau Luise ist er im Januar 2015 stolze 60 Jahre verheiratet.

Die Kapelle von Georg Pfister ist eine Marienkapelle, die dem heiligen Georg gewidmet ist. Das Bild zeichnete sein Neffe Richard Pfister.

Die geehrten CSU-Mitglieder Georg Pfister und Renate Hartmann mit dem Vorsitzenden Stefan Schor Foto: Johannes Michel

Ehrung

Seit 70 Jahren in der CSU

VON UNSEREM MITARBEITER **JOHANNES MICHEL**

Breitengüßbach – Es war und ist noch immer keine einfache Zeit, auch für die (Lokal-)Politik. Das zeigte sich bei der Ortshauptversammlung der CSU in Breitengüßbach. Der Vorsitzende Stefan Schor berichtete über aktuelle Themen und durfte für die Jahre 2020 und 2021 einige Ehrungen, darunter eine ganz besondere, vornehmen.

Seit 70 Jahren ist Georg Pfister CSU-Mitglied. Eine unglaublich lange Zeit, in der der Bauunternehmer die Breitengüßbacher CSU geprägt hat. Auch viele der heutigen Mitglieder motivierte er mitzumachen.

Parlamentarischer Staatssekretär Thomas Silberhorn, der zur Ehrung in die Breitengüßbacher Gemeindeturnhalle gekommen war, sprach Pfister Anerkennung aus. Auch dafür, dass er immer streitbar geblieben sei. Das sei zwar nicht immer einfach für die Kritisierten, dennoch brauche die Politik auch Persönlichkeiten, die den Finger in die Wunde legen. Die Ehrenurkunde überreichten ihm dann neben Silberhorn der Ortsvorsitzende Stefan Schor, die Bundestagsabgeordnete Emmi Zeulner und Anna Schmitt, CSU-Listenkandidatin für die Bundestagswahl aus Baunach.

Und eine zweite hochrangige Ehrung gab es ebenso: Renate Hartmann ist seit 55 Jahren CSU-Mitglied. Auch sie bekam eine Urkunde, und Schor betonte ihre Bedeutung für die Politik in Breitengüßbach. Hartmann wurde vor zwölf Jahren Ehrenbürgerin der Gemeinde und war von 1968 bis 2008 Gemeinderätin sowie von 1984 bis 2002 auch Zweite Bürgermeisterin.

Rückblick, Grußworte, weitere Ehrungen

Stefan Schor legte in der Versammlung seinen Rechenschaftsbericht für die vergangenen zwei Jahre ab (2020 konnte aufgrund der Corona-Pandemie keine Versammlung stattfinden). Aktuell hat die CSU in Breitengüßbach 58 Mitglieder, der Altersdurchschnitt liegt bei 60 Jahren. Zuletzt hat es vier Neuaufnahmen gegeben; neben fünf Sterbefällen sind aber auch einige Mitglieder ausgetreten. Das habe, so Schor, unter anderem am Unverständnis für politische Entscheidungen in der Pandemie gelegen.

Schor erläuterte den Weg zu seiner Kandidatur bei der Bürgermeisterwahl und zeigte sich enttäuscht über das Wahlergebnis. Die CSU habe zudem zwei Gemeinderatsplätze verloren. Im Gemeinderat seien momentan die Kläranlage, die Sportanlagensanierung, Baugebiete wie in Zückshut, die Sanierung von Straßen wie Erlein/Klingenweg oder der Ortsdurchfahrt Unteroberndorf sowie die Ortsmitte die Themen.

Grußworte sprachen Thomas Silberhorn und Emmi Zeulner. Sie bedauerten, dass Corona dafür gesorgt habe, dass der Austausch an der Basis nicht mehr stattfinden konnte. Zeulner rief dazu auf, die Kommunalpolitik weiter zu stärken und in diesen besonderen Zeiten noch mehr aufeinander aufzupassen. Beide machten zudem Werbung für die aktuelle Impfkampagne gegen das Coronavirus.

Neben den beiden großen Ehrungen gab es weitere Auszeichnungen für 15 bis 45 Jahre Mitgliedschaft: Marco Horlamus, Jörg Binkert, Hubert Dorsch, Stefan Schor, Inge Haderlein, Oskar Haderlein, Leonhard Dorsch, Paul Förner, Hermann Franz, Joseph Hennemann, Bernhard Janka, Franz Schmidt, Leonhard Seibold, Ingbert Walter, Josef Wolfschmitt und Josef Kroack.

FT im Sommer 2021.

Ein Heiliger bei Pfister

KUNSTWERK Der Hohengüßbacher Bauunternehmer ließ vor seinem Haus eine Bronzeskulptur des hl. Georg aufstellen.

VON UNSEREM REDAKTIONSMITGLIED
HANS W. PENNING

Hohengüßbach – Zu früheren Zeiten hat die renommierte Nürnberger Metallgießerei Burgschmiet-Lenz für berühmte Auftraggeber viele noch berühmtere Denkmäler geschaffen. Für Kaiser Franz-Josef von Österreich zum Beispiel ein Radetzky-Denkmal, das bis zum kommunistischen Umsturz am Kleinseitner Ring in Prag stand. Viele andere Skulpturen sind erhalten. Genau die richtigen Partner also, um dem Tiefbauunternehmer Georg Pfister einen Herzenswunsch zu erfüllen: Ein Reiterstandbild des heiligen Georg vor seinem Haus in Hohengüßbach aufzustellen. Aus Bronze gegossen, mit einem Sockel aus Granit, bald drei Meter hoch. Gestern war es soweit.

Mit einem firmeneigenen Fahrzeug wurde der heilige Georg in Nürnberg abgeholt, vom Gießerei-Gelände gleich neben der Burg, und aufrechten Standes über die Autobahn an seinen Bestimmungsort gebracht. Immer mit dabei der Künstler Hanspeter Widrig, der in einem halben Jahr die etwa eine Tonne schwere Skulptur aus Bronze gegossen hat. Zusammen mit Siegfried Pfister und Georg Betz stellte er das Standbild auf.

Warum aber gerade ein heiliger Georg? Seinen Namenspatron hat sich Georg Pfister halt schon früh zum Vorbild genommen. „Zehn Jahre war ich Vorstand vom Georgenverein Breitengüßbach mit 48 Mitgliedern", erinnert er sich. Auf einer Platte am Köcher des Heiligen, der bekanntlich römischer Reitersoldat war, sind die Prinzipien verewigt. *„Was keiner wagt, das sollt Ihr wagen / was keiner sagt, das sagt heraus / was keiner denkt, das wagt zu denken / was keiner anfängt, das führt aus"* hat sich Georg Pfister zu seinem Lebensmotto gemacht. Vor zehn Jahren schon hat er deshalb ein Georgs-Gemälde an seinem Haus angebracht.

Eigentlich sollte das Heiligen-Standbild schon zu seinem Geburtstag am 5. Oktober fertig sein. Aber zuerst musste Hanspeter Widrig noch eine Wilhelminen-Statue für Bayreuth schaffen, danach zogen sich die Arbeiten für den heiligen Georg hin: Auf die Form aus Styropor folgte das Negativ aus Gips. Weil es für den 69-jährigen Künstler die erste Georgsfigur war, musste er ganz von vorn beginnen. Nach dem Brennen des Gips-Negativs folgte der Bronzeguss aus hochwertigem Degussa-Rohmaterial. Und schon als die „Hüllen" fielen, waren alle Beteiligten zufrieden mit dem Resultat. Neben dem Dorfbrunnen mit der Pieta fand das Kunstwerk seinen Platz.

Und die Hohengüßbacher? Einer musste sich erst an das neue Platz-Gefühl in der Ortsmitte gewöhnen. „Mal schauen wie sich's macht", meinte ein Nachbar. Aber „so ist der Pfister halt, hat immer eine neue Idee". Mit Ehefrau Luise und der Familie ließ Georg Pfister den Tag in Hohengüßbach ausklingen.

Georg Pfister (rechts) und Hanspeter Widrig bei der Aufstellung des hl. Georg vor Pfisters Wohnhaus, das bereits ein Georgs-Gemälde trägt. Foto: Ronald Rinklef

Mehr Fotos finden Sie auf **www.inFranken.de**

12 LANDKREIS BAMBERG Dienstag, 17. August

Die Visionen auch realisiert

Tausende feierten mit der Hohengüßbacher Firma Pfister

HOHENGÜSSBACH. Über eine Stunde dauerte am Samstagnachmittag das Defilee der Gratulanten auf dem festlich herausgeputzten Firmengelände der Firma Pfister, das Bezirkstagspräsident Edgar Sitzmann scherzhaft kommentierte: „Pfister ruft und alle kommen". Mit entsprechender Verspätung begann der Festakt im mit etwa 1 200 geladenen Gästen besetzten Zelt.

Durch das Programm führte Sabina Sitzmann-Simon. In seiner Rede gab Firmengründer Georg Pfister einen Rückblick auf 25 Jahre der Firmengeschichte mit Höhen und Tiefen. In seiner ureigenen Art verband der Jubilar Chronik, politische Aussagen und humorvolle Rundumschläge. Dr. Bernd Protzner, Bundestagsabgeordenter und stellvertretender Chef der CSU-Landesgruppe im Deutschen Bundestag, betonte in seiner Festrede, dass die Pfister-Gruppe unabhängig von politischen und wirtschaftlichen Entwicklungen und Umständen gewachsen sei. Daraus folgerte Protzner: „Die Politik muß bescheidener werden". Der Wegfall von Reglementierungen und Vorschriften setze Kräfte des Marktes zum Wohle der gesamten Gesellschaft frei.

In ihrem Grußwort würdigte die Zweite Bürgermeisterin von Breitengüßbach, Renate Hartmann, Georg Pfister als einen Mann, der Visionen hat und diese realisiert. Auch Landrat Dr. Günther Denzler schätzt die Meinung des Unternehmers und Kreisrats Georg Pfister, „auch wenn ich diese nicht immer teile". Weitere Grußworte entboten der Baunacher Bürgermeister und Kreisvorsitzende des Bamberger Gemeindetages, Georg Wild, und der Vorstandsvorsitzende der Kreissparkasse Bamberg, Direktor Konrad Gottschall. Eine Ehrenurkunde der Handwerkskammer Bayreuth überreichte der Kreishandwerksmeister und Obermeister der Bauinnung, Kaspar Reinfelder. Auch die Vorsitzenden des TSV Breitengüßbach, Reiner Hofmann, und des Sportvereins Rattelsdorf, Andreas Schmittwolf, bedankten sich herzlich bei ihrem Sponsor Georg Pfister. Den Dankgottesdienst im Anschluss zelebrierte der Scheßlitzer Kaplan DDr. Rüdiger Feulner zusammen mit dem neuen Breitengüßbacher Pfarrer Jürgen Benisch. Danach segnete Feulner die neuen Fahrzeuge der Pfister-Gruppe.

Am Sonntag herrschte großer Andrang beim „Tag der offenen Tür". Tausende nutzten mit der ganzen Familie die Gelegenheit, den ausgestellten Maschinen- und Fuhrpark anzuschauen und im Festzelt die Geselligkeit und die kulinarischen Angebote zu genießen. sis

Nicht abreißen wollte die Schlange der Gratulanten bei Firmenchef Georg Pfister. Foto: Rud

Vertrauensvotum für Georg Pfister

Als Vorsitzender der CSU Breitengüßbach bestätigt – Bilanz gezogen

Breitengüßbach ® Erster Vorsitzender Georg Pfister konnte zur Jahreshauptversammlung des CSU-Ortsverbands im Gasthof „Vierjahreszeiten“ zahlreiche Mitglieder begrüßen. In seinem Rechenschaftsbericht über die letzten beiden Jahre lobte er besonders die gute Zusammenarbeit in der Vorstandschaft. Erfreut stellte er fest, daß durch das unermüdliche Drängen der Vorstandschaft gegenüber dem Landratsamt Bamberg der längst überfällige Brückenbau über die Bundesbahn endlich fertiggestellt werden konnte.

Anschließend ging Pfister auf die Ortsbegehungen des letzten Jahres ein. Hierzu erläuterte er die Probleme in den einzelnen Gemeindeteilen. Er bedauerte besonders die ärgerlicihe Verzögerung des Mehrzweckhallenbaues in Breitengüßbach. In dieser Sache bat er um Unterstützung durch den Abgeordneten Philipp Vollkommer, dem er bei dieser Gelegenheit für die bisherige Unterstützung dankte.

Abschließend forderte Pfister die Anwesenden auf,

durch Mitgliederwerbung den Ortsverband zu stärken.

Nachfolgend hielt MdL Vollkommer ein Kurzreferat über die derzeit aktuelle Landes- und Bundespolitik. Am Ende seiner Ausführungen dankte er dem Vorsitzenden für seine geleistete aktive Arbeit im Ortsverband, der mit zu den erfolgreichsten des Landkreises zähle. Bei der anschließenden Wahl

wurde Vorsitzender Georg Pfister mit großer Mehrheit wieder in sein Amt gewählt.

Die beiden Stellvertreter Erwin Kühnlein und Franz Schmidt sowie der altbewährte Kassier Hans Hertel wurden ebenfalls bestätigt. Neuer Schriftführer ist Hans-Werner Röthlein. Bei der Wahl weiterer Stellvertreter erhielten Hans Jung, Renate Hartmann, Peter Watzlawek, Josef Hennemann und Siegmund Helmreich das Vertrauen. Walter Hartmann und Peter Hopf prüfen auch weiterhin die Kasse des Ortsverbandes. Zu Kreisdelegierten wurden Georg Pfister, Hans Jung, Renate Hartmann, Hans-Werner Röthlein und Franz Schmidt gewählt.

Bevor Friedrich gegen Ende des Abends mit 144 von 148 gültigen Stimmen zum Nachfolger des Glanzbringers gewählt wird, gibt es die Gelegenheit zur Wortmeldung für die Parteimitglieder. Links hinten schießt eine Hand in die Luft, ein Raunen geht durch den Saal. Es ist kein Guttenberg, der da sprechen will, aber eine andere Parteilegende, der Bauunternehmer Georg Pfister kommt mit schwarzem Schlapphut auf die Bühne. Friedrich grinst gequält und sagt, die Rede solle man gleich auf Youtube stellen.

Pfister hat einiges zu sagen. 60 Jahre sei er schon in der CSU, man brauche keine ausländischen Fachkräfte, etwas über die „Preißn“ sagt er und über das Insolvenzgesetz, dass Rot-Grün das Land in ein Heidenland verwandeln wolle, und der BUND mache „Geld kaputt“. „Aufhören“ ruft jemand, doch Pfister, selbsternannter Mann des Volkes, Mitglied jener Basis, der Parteichef Seehofer in seiner Rede „Vergelt's Gott“ zugerufen hat, ist in Fahrt, und vielleicht sind seine Kommentare zu Guttenberg die erhellendsten der Veranstaltung. Er habe, sagt Pfister, die Hinrichtung von Guttenberg miterlebt. Kein Massenmörder sei so erniedrigt worden wie „unser KT“. Pfister ist überzeugt: Es waren „die Roten“, die Guttenberg eine Falle gestellt haben, denn sein Summa cum „Lauda“ habe sich Guttenberg ja wohl kaum selbst verliehen. Und da ist natürlich etwas dran.

FT-Artikel vom April 1987 (oben) und sowie aus der Frankfurter Allgemeinen Sonntagszeitung (rechts).

Luitpold-Brücke landet vor Gericht

Baufirmen streiten um Entsorgung des Oberbaus – 14 000 Euro sind noch „offen"

Wäre beim Abbruch der Bamberger Luitpold-Brücke nicht ein Bagger abgestürzt – die ganze Affäre wäre vermutlich gar nicht entstanden. So aber griff der Zufall in das ansonsten bestens geregelte Recycling von rund 3000 Tonnen Beton ein und ein Gerichtsverfahren ist die Folge.

von Hans Werner Penning

Erkennen Sie sie noch? Der Oberbau der Bamberger Luitpold-Brücke ist zu einem Haufen Recycling-Baustoff geworden. Georg Pfister hat dies zunächst einmal Ärger eingebracht – auf das Honorar für die Entsorgung wartet er bisher vergeblich. FT-Foto: Barbara Herbst

Die ganze Angelegenheit verschafft aber auch einen bezeichnenden Blick auf die Gewohnheiten mancher Unternehmer, die fernab von ihrem Firmensitz einen der begehrten Aufträge erhalten. Denn als dann der Bagger des auf den Abbruch von Brücken spezialisierten Hannoveraner Unternehmens in Bamberg von der Fahrbahn der Luitpoldbrücke stürzte, war nicht nur guter Rat teuer. Die Frage war vor allem: wo konnte man das beschädigte Baugerät wieder reparieren? Denn eine Bagger-Werkstatt gibt's in Bamberg nicht, und im übrigen erledigen das die Baufirmen schon aus Kostengründen lieber selbst.

Irgendwie kam deshalb der Kontakt zur Firma Pfister zustande. Im nahen Trunstadt war noch Platz in einer leerstehenden Halle, dort konnte der Bagger repariert werden und im übrigen halfen Mitarbeiter der Firma mit Stammsitz in Hohengüßbach mit Rat und Tat bei den Arbeiten, berichtet Firmenchef Georg Pfister.

Bei dieser Gelegenheit kam man wohl auch auf das Geschäftliche zu sprechen. Unter anderem darauf, dass der Firma in Hannover, die den Bamberger Auftrag im Zuge einer bundesweiten Ausschreibung erhalten hatte, für den Abtransport, die Zerkleinerung und Wiederverwertung der Luitpoldbrücke noch relativ hohe Kosten ins Haus standen. Nach der Zwischenlagerung im Bamberger Hafen sollte der unbelastete Beton-Schotter im Straßenbau eine neue Verwendung finden. Doch diese Entsorgung hätte das Unternehmen aus Norddeutschland noch viel Geld gekostet.

Viel einfacher war es doch da, mit Georg Pfister ins Geschäft zu kommen. Zunächst wurden die Brückenteile also nicht in den Bamberger Hafen gebracht, sondern zu dem Areal der Firma Manfred Pfister bei Trunstadt, wo sie (noch auf Kosten der Hannoveraner Firma) zu maximal faustgroßen Betonbrocken zerkleinert wurden. Die Wiederverwertung wollte indes die Firma Pfister übernehmen, und als Gegenleistung verpflichtete sich das Unternehmen aus Norddeutschland, pro Tonne abgelagerten Materials an die Firma Pfister vier Euro zu zahlen – macht nach Adam Riese plus (noch 16 Prozent) Mehrwertsteuer etwa 14 000 Euro.

Welches Gericht ist zuständig?

Das ist nun lange her. Doch seit dem Frühjahr ist keine müde Mark, geschweige denn ein einziger Euro, bei Georg Pfister eingelaufen. Und weil auch dessen Geduld nicht unendlich ist, hat der seine Anwälte eingeschaltet, um die vereinbarte Gegenleistung für die Entsorgung der solchermaßen ganz unverhofft inkriminierten Luitpoldbrücke einzutreiben. Derzeit ist von den Juristen als erstes zu klären, welcher Gerichtsort für das aller Voraussicht nach ins Haus stehende Verfahren in Frage kommt: Hannover oder Bamberg. Dann wird man sehen, ob der „Schotter" wieder nach Hannover geht oder doch nach Hohengüßbach.

FT vom 14. September 2005.

FT 21.10.06

Hier hatte Georg Pfister versucht, das für seine Bäume dringend benötigte Wasser abzuleiten. Ein Rohr sollte für genügend Durchfluss sorgen. Der Damm ist längst wieder weg. FT-Foto: Hans W. Penning

Der Kesselbach fließt wieder

STREIT-BILANZ Der Damm ist weg und die Fischteiche sollen im Frühjahr weiter betrieben werden. Georg Pfisters Fichtenbestand hat die Trockenheit nicht überlebt.

VON HANS W. PENNING, FT

Breitengüßbach – „Kampf um den Kesselbach“ lautete die Überschrift eines Artikels, mit dem der FT vor gut einem Jahr über die Auseinandersetzung um ein bis dato kaum bekanntes Fließgewässer unweit von Hohengüßbach informierte. Der Tiefbau-Unternehmer Georg Pfister hatte seinerzeit eine Stauvorrichtung in den Bach eingebracht, um ein anliegendes Waldstück zu bewässern. Angeblich dadurch war eine weiter bachabwärts befindliche und ebenfalls nicht genehmigte Fischteich-Anlage zu Schaden gekommen.

Der Streit wurde aktenkundig mit dem Ergebnis, dass heute der frühere Zustand des Bachlaufes weitgehend wieder hergestellt ist. Der „Staudamm“ existiert nicht mehr und der Kesselbach fließt auch nicht mehr durch die Fischteiche, sondern daran vorbei – in den vergangenen Tagen haben die neuen Besitzer dieses Grundstückes hier mit nicht geringem Aufwand einen neuen Bachlauf bauen lassen.

Von der technischen Gewässeraufsicht am Wasserwirtschaftsamt Kronach wurde eine Ortseinsicht vorgenommen. Die Behörde teilte dazu mit, dass der Kesselgraben von Breitengüßbach bis oberhalb Zückshut überprüft wurde und keine widerrechtlichen Baumaßnahmen mehr entdeckt werden konnten. Die Arbeiten am Bach zum Bau einer Sohlrampe seien ordnungsgemäß ausgeführt.

Doch damit geben sich die neuen Besitzer des Grundstücks nicht zufrieden. Im Frühjahr schon sollen in den beiden kleinen Fischbecken wieder Forellen schwimmen. Die wasserrechtliche Genehmigung zu Aufstau, Entnahme und Wiedereinleitung ist bereits vorläufig erteilt und könnte bald schon endgültig werden. Etwa ein Fünftel des Bachwassers – die Durchflussmenge beträgt etwa fünf Liter Wasser pro Sekunde – dürfte dann für die Fischhaltung genutzt werden. „Im Frühjahr werden hier wieder Forellen schwimmen“, zeigt sich der neue Besitzer überzeugt.

Noch nicht zufrieden ist dagegen Georg Pfister. Er verweist nach wie vor darauf, dass beim Bau „seines“ Dammes durch ein eingebautes Rohr der Durchfluss von fünf Litern Wasser pro Sekunde jederzeit gewährleistet gewesen sei. Lediglich das bei Regen ankommende Mehrwasser habe er für die Bewässerung seiner Bäume auf dem etwa einen halben Hektar großen Grundstück nutzen wollen, wie ihm der Förster geraten habe.

Bäume werden gefällt

Mit bedingt durch die Trockenheit machten etliche der Bäume – ein wunderschöner Fichtenbestand mit schlanken, bis zu 40 Meter hohen Nadelbäumen, die Georg Pfister eine kleine (Umwelt)Sünde wert waren – inzwischen mit dem Borkenkäfer Bekanntschaft und werden wohl schon in absehbarer Zeit der Säge zum Opfer fallen.

FT vom Oktober 2006.

„Dem Volk aufs Maul geschaut"

Breitengüßbacher CSU-Vorsitzender Georg Pfister gab Amt ab

BREITENGÜSSBACH. Der Vorsitzende des CSU-Ortsverbandes, Georg Pfister, gab sein Amt nach 18jähriger Tätigkeit ab. In der Jahreshauptversammlung wurde Ottmar Geuß zu seinem Nachfolger gewählt. Einen Schwerpunkt der Zusammenkunft bildeten neben den Neuwahlen auch zahlreiche Ehrungen.

Auf 20jährige Mitgliedschaft blickt Hans-Norbert Raab zurück, für 25 Jahre Parteizugehörigkeit bekam Siegmund Helmreich Ehrenurkunde und -nadel überreicht, 30 Jahre hält Walter Hartmann der CSU die Treue, und vor 40 Jahren hat sich Josef Seiler den Zielen der CSU verpflichtet.

Bereits seit 45 Jahren engagiert sich Kreis- und Gemeinderat Georg Pfister für die CSU. In seiner Laudatio würdigte CSU-Kreisvorsitzender Dr. Günther Denzler die Verdienste Pfisters um die Partei. Er sei ein Mandatsträger, der „dem Volk aufs Maul schaut, ein Original, an dem sich die Geister scheiden können". Er habe in allen Wahlen Spitzenergebnisse erzielt und sich stets um das Wohlergehen der Partei gesorgt. In der Amtszeit Pfisters stieg die Mitgliederzahl von 35 auf 81.

Die anschließenden Neuwahlen hatten folgendes Ergebnis: Vorsitzender Ottmar Geuß, Stellvertreter Renate Hartmann, Hermann Franz und Alois Ludwig. Über die Kasse wacht weiterhin Josef Hennemann, und zum Schriftführer wurde wieder Rainer Wolfschmitt berufen. Als Beisitzer amtieren Paul Förner, Matthias Kühnlein, Franz Schmitt, Peter Streit und, erstmals gewählt, Stefan Neubauer. Die korrekte Kassenführung wird auch in Zukunft von Walter Hartmann und Georg Schmitt geprüft.

In seinem Rechenschaftsbericht ging der bisherige Vorsitzende Georg Pfister u. a. auf die Infostände des Ortsverbandes im Rahmen der Unterschriftenaktion gegen die doppelte Staatsbürgerschaft ein; man sei auf große Resonanz gestoßen und habe mehrere hundert Unterschriften gesammelt.

CSU-Kreisvorsitzender Dr. Günther Denzler behandelte zum Abschluß bundes- und landespolitische Themen. Als Vorsitzender des Regionalen Planungsverbandes Oberfranken-West griff er ferner die derzeitige Diskussion über den neuen Standort der Forstdirektion auf. Er empfehle Bamberg als geeigneten Standort, falls es zukünftig für die drei fränkischen Bezirke nur noch eine Forstdirektion geben sollte: „Damit könnte die Staatsregierung ein Zeichen für Oberfranken-West setzen", argumentierte Denzler.

Außerdem gab Denzler einige Erläuterungen zur Kreispolitik. Dabei verwies er auf den Schwerpunkt „Wirtschaftsförderung". Mehr denn je setze man auf schnelle Genehmigungsverfahren und optimale Beratung der Unternehmen bei Investitionen und Schaffung von Arbeitsplätzen. Als Erfolge dieser Strategie könne man bereits einige gelungene Ansiedlungen nennen, wie das Puma-Logistikzentrum in Elsendorf, das Rewe-Logistikzentrum in Buttenheim, den Reisemobilhersteller „Phoenix" in Aschbach oder die Erweiterung des Automobilzulieferers Brose in Hallstadt. sis

Vor 45 Jahren hat sich Georg Pfister (Mitte) den Zielen der CSU verschrieben, deren Ortsvorsitzender er 18 Jahre lang in Breitengüßbach war. Jetzt gab er sein Amt ab. Der CSU-Kreisvorsitzende, Landrat Dr. Günther Denzler, würdigte die Verdienste Pfisters um die Partei und übergab ein Geschenk. Zweite Bürgermeisterin Renate Hartmann gratulierte ebenfalls zum Jubiläum. Foto: RM

Zwei neue Glocken für Windischletten

WEIHE Ein großer Tag für die kleine 200-Seelen-Gemeinde bei Scheßlitz. In den 40er-Jahren hatten die Bürger ihre alte Gussglocke dem Kriegswahn opfern müssen. Nun ist der Glockenstuhl wieder komplett. Dank einer großzügigen Spende und viel Eigenleistung.

VON UNSEREM MITARBEITER **GEORG STÖHR**

Windischletten – Als späte Kriegsfolge könnte man den Kauf und den Einbau zweier Glocken in den Turm der Windischlettener Kirche zur Heiligen Familie bezeichnen.

Der 200-Seelen-Ort bei Scheßlitz hatte, wie viele andere Kirchengemeinden auch, seine Gussglocke in den Kriegsjahren der Wehrmachtsindustrie überlassen müssen. Zwei Stahlglocken waren der Ersatz.

Nach der Innenrenovierung des 1900/01 errichteten Kirchengebäudes in den Jahren 1998/2002 war es jetzt geboten, den maroden Glockenstuhl zu erneuern und mit zwei neuen Glocken auszustatten. Die Arbeiten bewältigten die Bürger in einem hohen Maß durch Eigenleistung und durch die Unterstützung der Stadt Scheßlitz.

Die Geldmittel – mehrere Zehntausend Euro – für den Glockenstuhl und das notwendige Einbaumaterial sowie die Glocken wurden durch die großzügigen Spenden der Dorfgemeinschaft erbracht. Ein Sponsor übernahm sogar die Kosten für die große der beiden Glocken.

Kirchenpfleger Bodo Kurzidim bedankte sich in der Begrüßung bei allen Spendern, Bauhelfern sowie den Vertretern der Stadt Scheßlitz, Erstem Bürgermeister Franz Zenk, Drittem Bürgermeister Pius Schmelzer und den Stadträten. Sein besonderer Gruß galt Erzbischof Ludwig Schick, Stadtpfarrer Michael Morawietz, Domkapitular Dr. Wolfgang Klausnitzer und Pater Placidus Berger.

Glocke ruft zum Gebet

Im Rahmen eines feierlichen Gottesdiensts weihte Erzbischof Schick die Glocken. Er erinnerte daran, dass die Glocke zum gemeinsamen Gebet und zur Gemeinschaft ruft: „Sie mahnt den Einzelnen, auf sein Gewissen zu hören und Gutes vom Bösen zu unterscheiden."

Bürgermeister Zenk sprach im Sinne der Kirchenbesucher des 200-Seelen-Dorfes, als er anmerkte: „In der großen Welt kennt er sich aus, doch auch die kleinen Gemeinden vergisst unser Erzbischof nicht." Und weiter: „Das Läuten der Glocken ist ein Zeichen der Verbundenheit mit unserer Heimat."

Bei einem gemeinsamen Abendessen reihte sich der Erzbischof in die Dorfgemeinschaft ein und würdigte damit das christlich geprägte Wirken in Windischletten.

„ Glock … Zeich … Verbu … unser

Das Gotteshaus konnte die vielen Besucher kaum fassen, als die kirchlichen Würdenträger einzogen. Rechts im Bild: Erzbischof Ludwig Schick weiht die gr

Aus Fränkischer Tag.

porträt

porträt
36

Ein Mann will nach oben

Georg Pfister im Höhenflug

"‥ und da sagte der Fluglehrer zu mir: "Geh zu Pfister, jetzt fliegst du den Hubschrauber auf 20 cm an den Baumstamm ran - und vergiß nicht: du mußt eine Höhe anpeilen, in der du mit den Rotorblättern nicht ins Geäst kommst!" Und das habe ich dann auch gemacht. Ein tolles Gefühl, so punktgenau zu fliegen und ein tolles Gerät, der Hubschrauber. In der Luft ist der so ´was von beweglich - und dabei absolut sicher. Nur konzentrieren muß man sich halt. Aber die Flieger, die ich kennengelernt habe, das sind alle charakterfeste, vorbildliche Menschen..."
Der das sagt, weiß, wovon er spricht: Georg Pfister besitzt seit einiger Zeit einen Flugschein und betreibt mit großem Erfolg den "Hohengüßbacher Flugdienst". Pfister ist also dabei, ein neues Element für sich zu erobern: die Luft. Und dabei kennt man ihn doch eher als einen, der mit /in einem anderen Element, der Erde, arbeitet: als Tiefbau-Pfister ist er im Landkreis bekannt. Ein erfolgreicher Tausendsassa - auch wenn sein Leben nicht immer leicht war.

Pfister: Eigentlich war ich ein Bauer: geboren bin ich in Windigschletten, mit 14 bin ich dann nach Hohengüßbach gekommen, zu Großmutter und Großvater . Der Vater im Krieg gefallen - da stand ich allein mit meinem achtzigjährigen Großvater und dem Hof, den ich zu übernehmen hatte: Fünf Kühe, zehn Schweine, 60 Bienenvölker und der Schnapsbrennerei. Ich hab an jedem 2. /3. Tag am Holzbrett mit der Kernseife die Wäsche gewaschen, ich habe Fenster geputzt, aufgewaschen, gekocht, ich habe geputzt, dazu kommt noch schlachten und kochen - ich kann alles, ich mache alles, ich scheue mich vor keiner Arbeit.
Dann habe ich meine Firma gegründet - mit einem einzigen Bulldogbagger. Die Firma ist dann immer größer und größer geworden - jetzt habe ich noch einige mehr...
IN: Die Firma ....
Pfister: ...ja, das war die erste Firma: der Baggerbetrieb G. Pfister, gegründet am 28.03. 1974. Später ist die Firma Tiefbau Pfister daraus geworden und so ist es dann

"Ich hab an jedem 2. /3. Tag am Holzbrett mit der Kernseife die Wäsche gewaschen,...."

halt immer weiter gegangen. Insgesamt habe ich in sechs Firmen für weit über 1oo Mann Arbeitsplätze geschaffen.
IN: Nicht zuletzt auch mit Ihrem "Hohengüßbacher Flugdienst", mit dem Sie ja von Rundflügen über Werbeeinsätze bis hin zu Kurierdiensten und Geschäftsflüge alles anbieten. War Fliegen für Sie immer schon eine Leidenschaft?
Pfister: Ich wollte immer schon fliegen, ich habe mir sogar schon selber einen Hubschraubermotor bauen wollen - mit einem 270 PS starken Motor aus einem Ami-Jeep. Technik, Motoren sind auch ein Hobby von mir: ab und zu kaufe ich Raritäten hier aus der Gegen auf, viel zu schade dafür, um einfach zu verrotten. Ja also, fliegen wollte ich schon immer, ich hatte anfangs an einen Paraglider gedacht, ach und schon 1978 wollte ich mir einen Flugplatz bauen, der ist anfangs vom Nürnberger Flughafen abgelehnt worden. Bei den Flugtagen aber, da habe ich schon ab und zu zugeschaut und da hat es mich dann schon immer gejuckt - v.a. die Flächenflieger, weniger die Hubschrauber. Dann hab ich die Idee bekommen, daß ich ein Flugzeug bräuchte für die Firma, ein Flugzeug, mit dem ich Teile zu meiner Baustelle fliegen kann - das ist das Teuerste, wenn an eine Baustelle wegen fehlender oder falscher Bauteile die Arbeit ruht - ja, also ein Flugzeug, das sich punktgenau manövrieren läßt. Und dann hat mein Sohn gesagt, angeregt durch eine andere Firma mit Hubschrauber: "Hopp, wenn die das können, dann können wir das auch!"
IN: Ganz so leicht ist es aber nicht, oder?
Pfister: Ich sag immer: "Ich bin nicht blöd, ich hab doch nicht studiert - also schaff ich das auch." Und das habe ich dann so laut und so oft gesagt, da konnte ich dann nicht mehr zurück. Na, und wenn schon, dann habe ich mir auch gleich den sichersten Hubschrauber seiner Klasse gekauft, einen Bell 206 Jet-Ranger III (in den Firmenfarben blau-weiß. Anmerk. d. Red.), mit vielen Extras, z.B. zur größeren Sicherheit auch mit einem Autopiloten. Auch der Flugplatz existiert schon, ist

abgenommen und genehmigt von Nürnberg. Ja, es war viel Arbeit und natürlich auch eine riesige Investition - aber die Anfragen für Flüge, Anfragen die sogar aus dem Coburger Raum kommen, geben mir recht.

IN: Sie sind nicht der einzige Pilot in Ihrer Firma.....

Pfister: Nein, mein Sohn Siegfried, der gehört natürlich auch noch dazu und noch weitere drei Berufspiloten.

IN: Ich würde doch gerne noch einmal auf die Flugprüfung zurückkommen...

Pfister: Ja, also man muß viel lernen: Navigation, Technik, Verhalten, Luftrecht und Wetterkunde. Das wichtigste für mich war aber der flugmedizinische Test: EKG, Blutzucker etc.. Und dabei hatte ich doch unheilbaren Krebs!. Ich bin rumgelaufen wie der Kojak, durch die Chemotherapie sind mir alle Haare ausgefallen. Doch jetzt, toi, toi, toi, ist alles o.k. - obwohl mir die Ärzte nur noch acht Wochen gegeben hatten. Bis auf einen, der sagte zu mir: "Pfister, jeder Körper hat Selbstheilungskräfte, von Natur aus. Man muß sie nur aktivieren - und du kannst das!"

IN: Selbstheilungskräfte aktivieren, optimistisch bleiben, auch wenn es schlimm aussieht - ist das ihre Triebfeder: privat, wirtschaftlich, politisch?

Pfister: Ach ja , die Politik: ich bin seit 15 Jahren CSU-Ortsvorsitzender in Breitengrüßbach, 1984 haben sie mich als letzten auf die Liste für den Gemeinderat gesetzt und ich habe die zweitgrößte Anzahl an Stimmen bekommen. Im Kreistag wurde ich auf Platz 42 aufgestellt und bin bis auf Platz 07 vorgerutscht. Den Stoiber, den kenne ich persönlich, wir sind Freunde noch aus der Zeit, als er noch nicht Minister war.

IN: Ihr Erfolgsrezept?

Pfister: Na, ich schimpfe halt immer auf die Bürokratie, die Behörden, die ja alles verhindern. Ach, reichen sie mal Baupläne bei den Landratsämtern ein - eine Qual! Da sitzen Leute drinnen, die gar nicht wissen, was sie machen, die

> **"Ich bin halt so: ich bleibe ehrlich. Ich sage die Wahrheit, auch wenn es anderen manchmal nicht paßt."**

Träumen doch bloß! Und außerdem werden wir für Neid regiert. Das erlebe ich im Gemeinderat: Wenn einer etwas geschafft hat, dann gibt es nur Neid. Aber ein Mann gibt nicht auf...

Und wenn es noch so schlecht ist und wenn noch so eine miese Stimmung

herrscht: immer nach vorne, niemals zurück schauen, dabei das Rückwärtige als Lehre anerkennen. Und immer optimistisch bleiben. Auch ich habe nicht aufgegeben: Mehr als 100 Leute sind bei mir in Brot!

Man darf nicht nur an sich denken: sehen Sie, ich bin jetzt hier, ich habe Familie (vier Kinder, acht Enkelkinder): ich freue mich darüber , und so kann ich teilen - auch außerhalb des Familienkreises z.B. mit Kultur-, Sportsponsoring und der Unterstützung sozialer Einrichtungen. Man kann ja Unternehmer sein und trotzdem ehrlich bleiben. Und ich bin halt so: ich bleibe ehrlich und sage die Wahrheit, auch wenn es anderen manchmal nicht paßt.

IN: Wir danken für das Gespräch.

Aus „in – bamberg aktuell" vom März 1996.

GEORG PFISTER

Ein Original für alle Fälle

Seine Hilfsbereitschaft ist grenzenlos. Wo „der Mann mit dem schwarzen Hut" auftaucht, schwingt ihm Anerkennung entgegen. Der Hohengüßbacher baute sich seinen Familienbetrieb auf ist seit vielen Jahren der „bestgewählte Kreisrat" und stiller Gönner zahlreicher kleinerer Vereine im Spielkreis Bamberg. Im März 1974 startete er seine „Baukarriere" mit einem Baggerbetrieb, schaffte im Fortgang Arbeitsplätze und erweiterte seine Firma mit Weitblick. Politisch machte er landesweit auf sich aufmerksam, als er auf dem CSU-Parteitag im Oktober 2008 minutenlang in seiner Aufsehen erregenden Rede Verfehlungen der Partei im Wahlkampf anprangerte und den damaligen Ministerpräsidenten Dr. Edmund Stoiber kritisierte. Für Heimatvereine zeigte er immer Verständnis, ohne dabei als Geldgeber oder gar Hauptsponsor aufzutreten. Zahlreiche Fußballclubs tragen den Schriftzug „Tiefbau Pfister" auf der Trikotbrust. Speziell für die Jugend hat er ein offenes Ohr. Er weiß, wo er herkommt, was er durchgemacht und überstanden hat. Seine einmalige Lebensleistung wurde berechtigterweise vielmals in Politik, Wirtschaft und Sport gewürdigt. Anlässlich seines 75. Geburtstages, zu dessen Feierlichkeiten er mit seinem Hubschrauber – den Flugschein erwarb er mit 60 – anreiste, widmete die Gemeinde Breitengüßbach dem Jubilar eine Straße. Der „Georg-Pfister-Weg" ist das Symbol für sein herausragendes Wirken. Wenn er über sein Lebenswerk spricht, erwähnt er grundsätzlich als erstes, dass er „mit nichts nach Hohengüßbach kam. Nicht einmal ein Taschentuch habe ich einstecken gehabt". Der gläubige Christ dankt seinem Schöpfer und wünscht sich weiterhin Gottes Beistand und Segen.

Aus Anpfiff vom Juni 2011.

Was keiner anfängt, das führt aus

GEORGSTAG Der 23. April ist der Namenstag aller Georgen, Schorschen und Görgla. In Hohengüßbach wurde zu diesem Tag ein bronzenes Reiterstandbild des Heiligen mit seinen Leitsätzen geweiht. Sponsor ist der Bauunternehmer Georg Pfister.

VON UNSEREM REDAKTIONSMITGLIED
HANS W. PENNING

Monsignore Feulner bei der Weihe des Reiterstandbildes. Rechts daneben Georg Pfister und ein Teil der Gäste. Foto: Ronald Rinklef

Hohengüßbach – Vor allem in katholischen Gegenden soll der 23. April früher ein halber Feiertag gewesen sein. Denn alle Georgen, Schorschen und Görgla durften an diesem Tag ihren Namenspatron feiern.

Und da sie einen nicht unerheblichen Teil der Bevölkerung ıusmachten, standen an diesem Tag nicht wenige Räder still. Weil das heutzutage nicht mehr so einfach ist, trafen sich die Georgen, Schorschen und Görgla chon am Wochenende bei Georg Pfister in Hohengüßbach. Der Anlass war diesmal ein ganz esonderer: Ein Reiterstandbild les hl. Georg sollte eingeweiht verden. Dazu kam mit Monsignore Prof. Rüdiger Feulner sogar ein Geistlicher aus Rom.

Der ehemalige Kaplan in Scheßlitz steht seit einigen Jahren im diplomatischen Dienst les Vatikans und war maßgebich am Besuch von Papst Benedikt XVI. in Deutschland beteiligt. Georg Pfister lernte Feulner chon 1995 in einer Köttensdorer Gastwirtschaft kennen und veil der Geistliche zum 65. Geurtstag Pfisters nicht kommen onnte, entschädigte er ihn mit iner „kleinen Audienz" beim apstbesuch in Freiburg. Auch aran wurde erinnert, als Mongnore Feulner das Reiterständild des hl. Georg feierlich eineihte.

„In manchen Städten werden irchen verkauft und Kreuze getragen. Hier erleben wir das egenteil", veranschaulichte r Geistliche die Situation in ohengüßbach: „Dieser Georg ister", so Feulner, stelle ein enkmal auf, das die Zusammengehörigkeit von Heimat und Christentum unterstreiche. Überdies mache er den Ort auch um ein Kunstwerk reicher. Weil sich der Name Georg vom griechischen geo = die Erde, das Land ableite, sei der Heilige Patron der Landwirte und ein mahnender Hinweis an alle anderen, erdverbunden zu bleiben und mit beiden Füßen auf dem Boden zu stehen, in der Gemeinschaft den Boden der Tatsachen nicht zu verlassen.

> *„Was keiner wagt, das sollst u wagen.*
>
> **Teil der Inschrift** am Denkmal "

„Kein Kriecher und kein Nicker"

Beim Eintreten für das Gute und die Gerechtigkeit habe sich Georg Pfister stets als Vorbild in Sachen Zivilcourage gezeigt, meinte Feulner weiter. „Er ist kein Kriecher, kein Nicker, und redet niemanden nach dem Mund".

Beim Politiker Georg Pfister stehe die Gemeinschaft im Vordergrund. Deshalb habe er neben dem Reiterstandbild zu Ehren des heiligen Georg auch neue Namenstafeln für das Kriegerdenkmal gespendet.

Gekommen war auch der Künstler Hans-Peter Widrig, der bei der Nürnberger Bronzegießerei Lenz das Reiterstandbild gefertigt hatte. Auf den ersten Blick stehe hier vielleicht ein „komischer Heiliger", so Widrig, ohne Steigbügel und mit einem Hörnchensattel.

Dies deshalb, weil er sich bei der Darstellung an die Überlieferungen aus römischer Zeit gehalten habe; der Marmorsockel stamme aus den Steinbrüchen von Flossenbürg. Der Platz sei gut gewählt. Als Modell habe ihm sein Sohn gedient, so Widrig, der damals als Soldat in den Krieg nach Afghanistan gezogen und inzwischen wieder heil heimgekehrt sei. „Wäre er gefallen, hätte sein Abbild in Hohengüßbach gestanden." Zu guter Letzt bedankte sich Georg Pfister bei den vielen Gästen.

Mit einigen persönlichen Worten erinnerte sich Georg Pfister an Zeiten von Krankheit und Not. Das Reiterstandbild wie die Marienstatue daneben verstehe er auch als Dank für seine Genesung.

Inschrift passt zum Stifter

Mit Georg Betz und Georg Schütz waren auch zwei waschechte „Schorsch'n" bei der Einweihung in Hohengüßbach dabei. Die Verbundenheit zu ihrem Land („Geo") ist für beide ein wichtiges Kriterium des Lebens. Vor allem die Inschrift auf dem Köcher des Heiligen finden sie „echt klasse".

Nicht mit dem Strom zu schwimmen, seien sehr gute Grundsätze für das Leben. „Was keiner wagt, das sollst du wagen. Was keiner sagt, das sollst Du sagen. Was keiner anfängt, das führt aus. Wo alle spotten, spottet nicht, wo alle mittun, steht allein" hatte der Künstler unter anderem dort verewigt. Auch deshalb, weil es, wie Hans-Peter Widrig anmerkte, so gut zum Stifter passt.

Und noch einer gestand, die Legende vom heiligen Georg dem Drachentöter der Sage „schon gerne verinnerlicht" z haben:

Stellvertretender Landrat Georg Bogensperger. Die Ideal von Ritterlichkeit, Mut un Tapferkeit gelte es auch heut hochzuhalten. „Es gibt leide nicht so viele Denkmale, die da an erinnern", meinte der Burgebracher Bürgermeister. Auc deshalb sei er gerne gekommen

Mehr Bilder und ein Video unter **www.inFranken.de**

FT vom 23. April 2013.

„Der Beton-Jesus soll nach Trunstadt“

TOURISMUS Georg Pfister möchte die 55 Meter hohe Christus-Statue samt Kapelle, Pilgerhotel und Wellness-Anlage in sein „Freizeitland“ holen. „Das wäre *die* Attraktion zwischen Schweinfurt und Bamberg“, glaubt der Bauunternehmer.

VON UNSEREM REDAKTIONSMITGLIED
MICHAEL WEHNER

Viereth-Trunstadt – Georg Pfister sorgt wieder einmal für Aufsehen. Gestern hat der Bauunternehmer und Kreisrat gegenüber unserer Zeitung bestätigt, dass er sich ernsthaft darum bemüht, die 55 Meter hohe Christus-Statue in Trunstadt errichten zu lassen. Die riesige Jesus-Immobilie, für die zurzeit ein Standort in Rödental bei Coburg im Gespräch ist, sollte ursprünglich auf dem 1613 Meter hohen Predigtstuhl bei Berchtesgaden und dann auf dem Hesselberg bei Wassertrüdingen realisiert werden. Beide Male gab es nach kontroverser Debatte klare Absagen. Nach dem Scheitern der Pläne in Oberbayern und Mittelfranken hofft Pfister nun, die Figur in seinem Freizeitland zwischen Trunstadt und Roßstadt zu platzieren. Erste Gespräche mit dem Investor Harry Vossberg sollen laut Pfister nächste Woche geführt werden.

Figur mit innenliegender Kapelle

Pfister ist überzeugt, dass die Christus-Figur mit innenliegender Kapelle, Orgel und einer Art Ausguck im Kopf eine Bereicherung für den gesamten Landkreis und die Region bedeuten würde: *„Etwas Besseres könnte uns gar nicht passieren“*, meint Pfister und spricht von optimalen Bedingungen für das Projekt. Anders als bei einem möglichen Standort Pilgershöhe bei Rödental hätte der „Christus im Maintal“ den Vorzug der best möglichen Sichtbarkeit von Schweinfurt bis Bamberg. Sowohl von der Autobahn, als auch von der Bundesstraße oder vom Main aus wäre er der Hingucker“, ist Pfister überzeugt.

Das Freizeitland des Unternehmens von Pfisters Sohn Manfred umspannt ein 127 Hektar großes Gelände im Maintal zwischen Ober- und Unterfranken. Yachthafen mit Wasserskianlage, Badestrand und Campingplatz sind hier geplant oder teilweise bereits verwirklicht. Für den nordwestlichen Landkreis würde der Christus mit den ausgebreiteten Armen völlig neue Touristenströme anlocken, glaubt Pfister. Das ist auch das Ziel „des achten Weltwunders “, wie der Unternehmer Harry Vossberg seine Christus-Figur nannte. Bei der Diskussion um den Predigtstuhl war von jährlich mehreren Millionen erwarteten Besuchern die Rede. Über ein großes Pilgerhotel und Wellnessanlage soll sich die Millioneninvestition offenbar refinanzieren.

20 Meter höher als in Rio

Die vom Künstler Ludwig Valentin Angerer entworfene Christusfigur ist nach im Internet zu findenden Plänen 20 Meter höher als das berühmte Christusmonument auf dem Zuckerhut in Rio de Janeiro. Im Fuß der Figur wäre eine Kapelle mit Altar, Orgel und Chor untergebracht.

Ob es tatsächlich dazu kommt, hängt zuallererst vom Votum der Gemeinde Viereth-Trunstadt ab, bei der die Planungshoheit liegt. Bürgermeister Edwin Mahr (Freie Bürgergemeinschaft) hat erst gestern von den Plänen Pfisters erfahren. Er wolle nicht ausschließen, dass das Projekt möglich sei, aber für ein Urteil fehlten ihm noch die Informationen. Erst müsse eine konkrete Bauvoranfrage vorliegen. Zurückhaltend äußerte man sich im Landratsamt. Wesentlich für die Umsetzung eines solchen „Sonderbaus“ dürfte neben der Unterstützung durch die Gemeinde auch das Urteil der Kirche sein, stellte Claudia Scharf von der Pressestelle im Landratsamt fest. Zudem müsse eine Vielzahl von Fachbehörden eingebunden sein, die sich mit den Themen Naturschutz, Wasserrecht und Luftverkehr befassen. In der Nähe der Weltkulturerbestadt Bamberg spiele natürlich auch der Denkmalschutz eine wichtige Rolle, teilte Scharf mit. Sie bestätigte, dass im Landratsamt bereits eine konkrete mündliche Anfrage vorliegt. Keine Bewertung wollte Landrat Günther Denzler abgeben. Wenn ein Bauantrag vorliege, werde dieser ganz normal auf seine rechtliche Zulässigkeit geprüft.

Mehr Informationen wünscht sich zum gegenwärtigen Zeitpunkt auch der Domberg in Bamberg. Pressesprecher Michael Kleiner sprach von einer gewissen Grundskepsis, ob das Vorhaben mit der Großplastik wirklich dem christlichen Glauben diene. Klar sei selbstverständlich, „dass rein wirtschaftliche Gründe für das Projekt nicht auf eine Zustimmung des Erzbischöflichen Ordinariats stoßen können“.

Sehr viel deutlicher sind die Kommentare, die auf unserer Internet-Seite zu lesen sind. „Der Zement-Jesus, eine Riesen-Hummel-Figur, passt besser neben das Sassendorfer Windrad schreibt „Chrizzly“. „Bravo Schorsch, ich bin auch dafür. Das Ganze nennen wir dann „Pfistus-Statue", spottet Klaus Rakette. Ludwig Engert warnt vor einer Christusstatue zur Geldmacherei und zum Spektakel eines Freizeitlandes.

www.inFranken.de

Im Freizeitland zwischen Trunstadt und Roßstadt soll das weltweit größte Christus-Monument gebaut werden, geht es nach Bauunternehmer Georg Pfister.

FT vom 13. März 2009.

Pfister hält an seinen Jesus-Plänen fest

KOLOSSALSTATUE Die Idee, eine 55 Meter hohe Christus-Statue in Trunstadt aufzustellen, stößt in Teilen der Bevölkerung und im Landratsamt auf Skepsis. Initiator Vossberg will Pfisters Anfrage prüfen, hält aber wenig vom Platz im Freizeitland.

VON UNSEREM REDAKTIONSMITGLIED
MICHAEL WEHNER

Passt der 55 Meter hohe Riesen-Jesus in die kleinräumige fränkische Tallandschaft bei Trunstadt? Der Bauunternehmer Georg Pfister sagt ja. Im Landratsamt zeigt man sich eher skeptisch. Unsere Montage ist ein Versuch, die Größenverhältnisse deutlich zu machen. Der tatsächliche Standort dürfte deutlich nach Norden verschoben sein. Montage: FT/Tanja Krapp

Viereth-Trunstadt – „Wir haben im Land zu viele Bremser, Verhinderer und Bedenkenträger", sagt der Hohengüßbacher Bauunternehmer Georg Pfister. Von seinen Plänen, eine 55 Meter hohe Jesus-Statue im Maintal bei Trunstadt errichten zu lassen, will er sich durch die ablehnenden Reaktionen, die mittlerweile im Internet kursieren, deshalb nicht abhalten lassen.

„Wo wären wir, wenn immer die Neinsager Recht bekommen hätten", fragt Pfister und hofft, die Widerstände gegen die Kolossal-Statue noch überwinden zu können. Für ihn und sein Freizeitland wäre der Riesen-Jesus eine einmalige Attraktion und darüber hinaus auch für die Region. Sollte es nicht dazu kommen, plant er bereits Ersatz.

Doch wie konkret sind seine Pläne? Das Gespräch mit den Urhebern der Idee um den Projektentwickler Harry Vossberg aus Dresden findet laut Pfister in der nächsten Woche statt. Er wolle dafür werben, dass die Jesus-Statue ins Maintal kommt, wo sie von allen Seiten zu sehen sei – von der Autobahn, der Bundesstraße und dem Kanal.

Georg Pfister

Harry Vossberg selbst bestätigte gegenüber unserer Zeitung, dass eine Anfrage aus Viereth-Trunstadt vorliegt. Allerdings gebe es mittlerweile aus vielen Teilen Deutschlands Interesse an dem Projekt. Nicht nur aus Viereth-Trunstadt und Rödental im Coburger Land, sondern auch aus dem Allgäu und aus Norddeutschland. „Diese Vorschläge werden ernsthaft geprüft."

Grundsätzlich sei nichts dagegen einzuwenden, das Projekt im Maintal zu verwirklichen, sagte Vossberg. Skepsis zeigte der Unternehmer allerdings gegenüber der Idee, die Kolossal-Statue im Rahmen eines Freizeitlandes platzieren zu wollen. Die 55 Meter hohe Christusstatue nach einem Entwurf des Künstlers Ludwig Valentin Angerer sei als Begegnungsstätte für Christen konzipiert und nicht, um Geld zu verdienen.

„Es geht um die sichtbare Orientierung an christlichen Werten."
HARRY VOSSBERG

Auch wenn ein Weg gesucht werden müsse, das Vorhaben zu finanzieren, solle dies ein Angebot für Menschen auf der Suche nach Spiritualität werden. „Es geht um die sichtbare Orientierung an christlichen Werten."

Anders als in vielen Medien dargestellt, werde der Christus auch nicht aus Beton gegossen. Geplant sei viel mehr, ein verzinktes Stahlgerüst zu errichten, das eine Verkleidung aus so genanntem flüssigen Holz erhalte. Von Kitsch, wie teilweise behauptet, könne keine Rede sein, meint Vossberg. Er und der Künstler Angerer sprechen lieber von einem „achten Weltwunder".

Zurzeit muss niemand im Bamberger Land befürchten, dass er vom Bau eines Weltwunders gleichsam über Nacht überrascht wird. Das hat nicht nur mit dem umfangreichen Planungsprozess zu tun, den ein solches Projekt erfordert und damit, dass erst noch Investoren für das Millionenprojekt gesucht werden. „Wir machen es nicht gegen die Kirche, und auch die Bevölkerung muss einverstanden sein. Das sind unabdingbare Voraussetzungen", sagt zumindest Vossberg.

Ob es Georg Pfister noch schafft, das Ruder herumzureißen? Nach ersten kritischen Stellungnahmen aus Kirchenkreisen und angesichts des Echos aus der Bevölkerung ist das eher fraglich.

Auch beim zuständigen Wirtschaftsförderer im Landratsamt hält sich die Begeisterung in Grenzen: „Wir sind skeptisch, ob sich eine derartige Monumentalfigur in unsere kleinteilige Landschaft einfügt und ob sie den Ansprüchen an Natur- und Denkmalschutz genügen kann", sagte Siegfried Wagner aus dem Landratsamt. Voraussetzung für eine endgültige Entscheidung sei in jedem Fall ein umfangreiches Genehmigungsverfahren. Dazu gehöre auch eine Umweltverträglichkeitsprüfung.

Unabhängig von der öffentlichen Diskussion um den Riesen-Christus will Bauunternehmer Georg Pfister seine Pläne für das 127 Hektar große Freizeitland weiter vorantreiben. Möglicherweise noch heuer soll ein Badestrand eröffnet werden. Yachthafen, Campingplatz und Wellness-Anlage sind die weiteren Trümpfe, mit denen die Menschen nach Trunstadt gelockt werden sollen. Übrigens auch über eine Radfahrerbrücke, die Pfister nach behördlichen Auflagen selbst errichten soll. Sie würde das Maintal an einer wichtigen Stelle aufwerten, glauben die Planer.

Ein anderes Denkmal

Sollte sich der Riesen-Jesus nicht in Trunstadt verwirklichen lassen, will der 73-Jährige in jedem Fall für eine andere Attraktion sorgen, die seinem Urlaubsparadies die nötige Aufmerksamkeit verschafft. Plan B: „Wenn der Christus nicht in Trunstadt gebaut werden kann, kommt ein anderes Denkmal."

FT vom 27. März 2009.

FACETTEN

Der Mann, der Menschenleben rettete: Gleich mehrfach rettete Georg Pfister Mitmenschen aus bedrohlichen Situationen. Vor dem Bau des Firmengeländes außerhalb des Ortes fuhr der Bauer Pfister Struz (fränkisch für Gülle). Es war Winter, Februar 1972. Es goss wie aus Kübeln, das Wasser stand auf dem Acker. Pfister hatte den Struzwagen an den Rangen gestellt und die Siffe, den Schwemmmist der Bullen, runterlaufen lassen, als von oben her, aus Richtung Leimershof, ein Audi K7 eines Güßbacher Ehepaares heranschoss. „Fuhr um die Kurve rum und überschlägt sich drei Mal und is' nauf wie a Raketen und in der Luft wärn zwei Menschen aus dem Auto gschleudert, ehe es im Acker landet. Ich vom Bulldog runter, renn in meina Gummistiefel die 20 Meter durch den Schlamm nüber. Die Frau liegt im Dreck und er sitzt 20 Meter weiter und lacht. Ich dreh die Fraa rüm, die wor voller Schlamm und scho halber blau. Ich hob ihrn Mund offengehalten und mit die Finger den Schlamm ausm Rachen rausgekratzt. Die is immer blauer worn. Mitm Brackwasser hob ich donn den Dreck gor rausgspült. 20 Sekunden später wär die tot gewesen. Wenn ich do ned hinkumm ..."

Vor 30 Jahren traf Georg Pfister diese Frau, eine gebürtige Finnin und Gattin eines Versicherungsvertreters, im Café Beckstein in Bamberg wieder, wo sie sich zum Plausch mit einer Bekannten getroffen hatte. Als sie Pfister erkannte, sprang sie von ihrem Platz am Kachelofen auf, hängte sich an ihren Retter, herzte ihn und küsste ihn zum Erstaunen der vielen anderen Gäste ab. Dann dreht sie sich um und erklärte den verdutzten Beobachtern lautstark: „Dieser Mann hat mir und meiner Tochter das Leben gerettet!" Sie war zum Zeitpunkt des Unfalls im sechsten Monat schwanger gewesen.

Ums Leben gebangt: Mit Morddrohungen sah sich Georg Pfister an einem lauschigen Samstagnachmittag bei der Fahrt von Breitengüßbach in Richtung Zückshut auf Höhe des Bogenschützen-Anlage konfrontiert. Pfister hatte dort angehalten, weil er auf dem Radweg einen Bekannten entdeckt hatte und mit ihm ein Pläuschen halten wollte. „Plötzlich renna zwei Ausländer auf mich zu und aaner brüllt mich an: Du hast meinen Bruder umgebracht!" Pfister weiter: „Der packt mich und schüttelt mich, bis ich ihm die Hand umgedreht hob und der aufschrie." Sein Kumpel zog ihn daraufhin zurück, er trat mit den Füßen nach Pfister und brüllte immer wieder: „Du hast meinen Bruder umgebracht." Der Georg zog sich in sein Auto zurück, das von den Angreifern dann ebenfalls mit den Füßen malträtiert wurde, um die Polizei anzurufen. Nach einer Stunde kam dann eine Streife. Wie sich herausstellte, hing die Attacke mit einem Unfall zusammen, der sich tags zuvor an fast gleicher Stelle ereignet hatte. Dabei war ein in Breitengüßbacher wohnender Ausländer zu Tode gekommen, womit der Pfister aber rein gar nichts zu tun hatte. Es lag wohl eine Verwechslung oder Falschinformation vor. Von Seiten der Polizei wurde dem unschuldig Attackierten geraten, von einer Anzeige abzusehen, sonst werde es ihm noch als Ausländerfeindlichkeit ausgelegt. „Ich hob's dann ruhen lassen."

Weltenbummler: Eigentlich hatte er nie Zeit für Urlaub, erzählt der umtriebige Unternehmer immer wieder. Aber ein bisschen in der Welt ist er schon herumgekommen. Sogar bis nach Japan, wo er auf Einladung des deutschen Ablegers des Baumaschinen-Herstellers Komatsu im November 1991 in Kyoto bestimmt auch ein Abkommen unterzeichnet hat und zusammen mit vielen anderen Kollegen im Kimono zum Festmahl aufmarschierte (siehe Foto). „Des war aber kaa Urlaub. Da wärd nachts um Zehna 3000 Kilometer von Norden nach Süden geflogen. Und dann wieder haam. Wir worn auf Stress, sind nachts totmüd' in unsere Bettn gfallen."

Höhlenforscher: Bereits im Dezember 1987 hatte es ihn bei einem Spontan-Trip nach Las Palmas auf Gran Canaria verschlagen. Und das kam so. „Fohr ich in Bamberg über mei Brücken, die Pfisterbrück'n, die Egelssestraß' entlang Richtung Wilhelmsplatz und wo's nach rechts in Richtung Finanzamt geht, da wor ein Stau, wechä aaner Baustell'. Ich

Pfister auf Esel und Gran Canaria (linkes Bild) sowie im Kimono und japanischem Hotel (rechtes Bild).

steh' dort, steig' aus und frag', wo's los is? Habn sie gsocht, ich muss warten, es dauert aweng. Guck ich dann ins Schaufenster vom Reisebüro Vergin und siech aa Flugzeug, blauer Himmel, schöner Flieger, Gran Canaria, Urlaub. Bin ich reinganga und hob gfrocht: Kann mä do mitfliegn?" Die nette Frau hinter dem Tresen verneinte zunächst, entdeckte dann doch einen freien Platz im Flugzeug. „Aber kaa Betten hobn miä nimmer frei." Was kostet's? 950 Mark. Der Pfister legt das Geld auf den Tisch („Fünf Minuten vorher hob ich nuch nix davon gewusst") und hob zwei Tage vor Heiligabend ab in den Himmel gen sonnigen Süden. Nach zehn Tagen ging's wieder heim. Das Interesse an der Insel geht auf einen Kindheitstraum zurück. Noch zu Schulzeiten

Ankunft auf Gran Canaria.

hatte Pfister ein Buch über Gran Canaria gelesen und gewusst, dass die Insel „großer Hund" heißt und dass die Ureinwohner nur schwarze Hüte (!) getragen hatten. Auch dass Christoph Kolumbus dort seine Schiffe beladen hatte.

Die wenigen Tage sorgten für einige Abenteuer, die er noch heute lebhaft und anschaulich erzählt. Richtig in Wut geriet das Bäuerla aus Hohengüßbach gleich am Anfang, als ihn ein Taxi vom Flughafen in die Stadt brachte. Das kostete 5 Mark, aber Pfister hatte nur einen 50er-Schein einstecken. Der Taxifahrer schnappte sich den Schein und düste davon.

Es folgte die mühselige Quartiersuche, die letztlich in einem Haus zum Erfolg führte, das einer Spelunke glich. „Der Zimmerboden war mit Gartenpflaster belegt. Kein Klo."

Am nächsten Tag nahm sich der Urlauber einen Mietwagen, um in die in die Berge zu fahren, wo er die Höhlen erkunden wollte. Also fuhr er am frühen Morgen bei strömenden Regen los und landete auf einem Eselpfad, wo er nicht mehr vor- und rückwärts kam, da auf dem nassen Lehmboden die Räder durchdrehten. „Der Weg is immer schmaler worn und des Wasser is den Hang runtergeschossen." Als der Havarierte ausstieg, schaute er 400 Meter in die Tiefe. Also blieb er sitzen und wartete ab, bis die aufsteigende Sonne den Boden abtrocknete. „Dann hob ich des Auto 20 Meter zurückgesetzt, bin ausgestiegen und umgfalln. Ich konnt nicht mehr stehn. Mensch, wor ich fertig."

Und so stieg er für seine nächste Erkundungstour auf einen Esel um. „Der Hund hat mich runtergschmissn".

Das blieb aber nicht die einzige Erinnerung an diesen Insel-Trip: Pfister erzählt wie ein Biologe von den Fichten, die mit ihren langen Nadeln der Luft Feuchtigkeit entziehen, und den Unmengen an Bananenstauden. Oder er spricht wie ein Bauer, der sich über klapprige Viehställe wundert, die aus vier Stäben bestehen und Bananenblätter das Dach bilden. „Und doo worn dann vier, fünf oder sechs Küh drunter gestanden."

Oldtimer-Fan: Vom ersten Moment an, da er auf einem Bulldog saß und lostuckerte, hatte es ihn gepackt: Alte Fahrzeuge faszinierten Georg Pfister von Kindesbeinen an, bis zum heutigen Tag. Alte Maschinen, Traktoren, aber auch Autos gehören zum festen Bestandteil des Fuhrparks der Sammlung Pfister. Immer wieder präsentierte er seine Pretiosen auch bei Ausstellungen und Ausfahrten wie in Bad Staffelstein, Vierzehnheiligen oder Schloss Eyrichshof. 30 Traktoren stehen in diversen Hallen und Garagen, einer schöner als der andere. Der Schätzwert liegt bei einigen Hunderttausend Euro.

Nahezu alle sind fahrbereit. Wenn nicht, schraubt der Pfister so lange, bis sie es sind. Bei einem Lanz hat er den Schalldämpfer selbst rangemacht. „Der pufft wie der Teufel." Einen anderen Trecker hat er extra aus Polen geholt. Und so wie manche Männer bei Frauen erst auf die Beine schauen, schweift Pfister Blick bei jedem Bulldog zuerst auf die Felgen – und oft gerät er dabei ins Schwelgen. Nicht nur beim McCormick, der „so alt ist wie ich" oder einem Ami-Bulldog, der schon eher an ein Kriegsgerät denken lässt, obwohl „nur" mit Seilwinde bewaffnet.

Bei Oldtimer-Treffen in Schloss Eyrichshof bei Ebern.

Foto oben: Der Rolls Royce, der ihm aus dem Kreise der Familie zum 85. Geburtstag geschenkt wurde – Foto unten: Hochzeits-Karosse bei der Trauung des Schreiners von Trunstadt mit der Nichte der Nachbarin Martin.

Die Fahrzeuge werden zum Teil total zerlegt, defekte Teile repariert und wieder eingebaut, bis sie wieder einsatzbereit sind. Unsere Fotos zeigen beispielsweise zwei seiner Rolls Royce-Schönheiten, einmal in den 90er Jahren und aktuell mit dem 61 Jahre alten Rolls, den im Oktober 2020 zum 85. Geburtstag aus dem Kreise der Familie geschenkt bekommen hat. Edel, aber ohne Servo-Lenkung (was das Fahren schon zum Kraftakt macht).

Bei seinen Baumaschinen indes bevorzugte er stets modernstes Gerät und Technik, wie selbst viele seiner Mitarbeiter bewundernd loben.

Tor- und Menschenjäger. 22 Jahre lang hetzte Georg Pfister dem runden Leder hinterher. Zunächst in der Jugend, dann in C- und B-Klasse für den SV Zückshut. Der Trainingsfleiß ließ aber viel Luft auf der nach oben offenen Übungsleiter-Skala. „Ich hob doch nie Zeit ghobt und bin

Einen Bundeswehr-Panzer wollte sich Pfister nach dem Fall der Mauer, der deutschen Wiedervereinigung und dem damit verbundenen Abbau der Streitkräfte kaufen. Bei einer Waffenschau am Rande des Reservisten-Festes in Schederndorf im August 1997 hatte er sich auf einem Leo2 Appetit geholt.

öft direkt zum Anstoß erst aufs Spielfeld gerennt." Das mit dem Rennen nahm er wörtlich. „Ich wor schnell wie der Teifel, mich hot kanner erwischt." Glaubt man seinen Erzählungen hat er in Zapfendorf, wo er auch zu spät eingetroffen war, binnen 20 Minuten einen 0:5-Rückstand in ein 5:5 umgewandelt. Im Alleingang. „Ich geb' keinen Ball mehr ab", hatte er seine Kameraden belehrt. Auf dem Weg zum sechsten Treffen wurden ihm im Fünfer von einem Gegenspieler die Beine weggezogen. „Ich lieg' flach, steh' auf, nehm den Ball und will zum Elfmeter", als der Aushilfsschiri, der eingesprungen war, da kein amtlicher Unparteiischer erschienen war, auf Handspiel entscheidet. „Bist du blöd?", fragte der verdutzte Gefoulte und wurde dafür vom Platz gestellt. „Sunst schießt du nuch a Tor", gab ihm der Referee mit auf den Weg zur Kabine. Nach dem Spiel entschuldigte sich der Schiedsrichter: „Ich musste Dich vom Platz schicken, sunst hätten die dich umgebracht, wenn sie nuch verloren hätten." Pfisters Fazit: „Der hot mir also das Leben gerettet, der Hammel."

Gottesfürchtig Als überzeugter Katholik sucht Georg Pfister regelmäßig das Gespräch mit seinem Herrgott. In normalen Zeiten besucht er jeden Sonntagfrüh um 8 Uhr einen Gottesdienst in der Bamberger Otto- oder Heinrichskirche (um den Sonntags-Frühschoppen nicht zu verpassen) oder St. Anna Maria. Mit Beginn der Corona-Pandemie zog er sich aber nur noch in die eigene Kapelle zum Gebet zurück. Für diese Kapelle wollte er mit der Fertigstellung Gottes Segen erbitten, weswegen er einen offiziellen Antrag an die Bistumsleitung in Bamberg stellte. Er erhielt aber einen ablehnenden Bescheid, in dem der Generalvikar darauf verwies, dass es in Hohengüßbach bereits ein geweihtes Gotteshaus gebe und man kein Exempel statuieren wolle. Diesen Brief zeigte der Zurückgewiesene seinem Freund, Prälat Hans Wicht, der kurzentschlossen entschied: „Ich segne sie."

Dass er es gut meint mit der katholischen Kirche lässt sich auch an der Tatsache ablesen, dass Pfister das Theologiestudium von drei Priestern in Afrika finanzierte – neben seiner Kirchensteuer von einigen tausend Euro im Jahr. Den Kontakt hatte der Bruder des früheren Hallstadter Stadtpfarrers und Geistlichen Rates Georg Eizenhöfer, der Studiendirektor Michael Eizenhöfer, Lehrer und Geistlicher, beide aus Herzogenaurach stammend, vermittelt.

Ein anderes Projekt in Afrika indes scheiterte. So hatte eine Gruppe aus Langenbruck, die einen Kapellenbau in Ghana voranbringen wollte, davon erfahren, dass Pfister zwei Glocken (aus Windischletten) in seinem Eigentum hat und wegen einer Überlassung angefragt. Die hatten zwar konkrete Baupläne, aber kein Geld. „Ich sollte sogar den Transport der Glocken bezohln." Aber schon allein der Transport der schweren Glocken, die nun die Hofeinfahrt in Hohengüßbach zieren, hätte Unmengen an Geld verschlungen.

Für den Aushub zum Kirchenbau in Drosendorf sowie das spätere Auffüllen verlangte Pfister keinen Pfennig. Das Kostenvolumen wäre bei 19.000 D-Mark gelegen. „Und dann haben die mich weder zum Spatenstich noch zum Richtfest eingeladen."

Einzigartig Nicht unumstritten war im Gemeinderat die Idee, zum 75. Geburtstag eine Straße nach Georg Pfister zu benennen. So wurde kritisch angemerkt, dass somit zum ersten Mal ein Bürger aus der Gemeinde zu Lebzeiten gewürdigt werde. Letztlich setzte sich das Argument durch, dass Pfisters Betrieb der einzige Anlieger am Georg-Pfister-Weg sei. „Der Beschlusss erfolgte dann einstimmig", erinnert sich der damalige Bürgermeister Reiner Hoffmann.

Treffen mit Papst Benedikt Die Einladung zur Teilnahme an der Kommunion mit Papst Benedikt XVI im Rahmen einer Messe vor über 250.000 Besuchern am Sonntag, 24. September 2011, in Freiburg hatte einen besonderen Hintergrund. Maßgeblich war die Freundschaft zu Prof. Dr.Dr. Rüdiger Feulner, einem gebürtigen Kulmbacher, der seit 2019 als Pfarrvikar in Enchenreuth bei Helmbrechts lebt und der nach seinem Abitur im Bamberger Franz-Ludwig-Gymnasium und dem Besuch des Bamberger Priesterseminars zunächst als Kaplan in Scheßlitz gewirkt hatte. Später rückte er in den diplomatischen Dienst des Heiligen Stuhles auf. Als päpstlicher Nuntius war er in Kasachstan,

Das Ehepaar Pfister auf den Stufen zum Altar von Papst Benedikt.

Pfisters nehmen den „Leib Christi“ aus der Hand von Papst Benedikt in Empfang.

Venezuela, Belgien, Wien und Berlin tätig, von wo aus er den Deutschland-Besuch des Papstes mit Stationen in Berlin, Erfurt und Freiburg mit vorbereitete, wofür er von Bundespräsidenten Christian Wulff mit dem Großen Verdienstkreuz mit Stern ausgezeichnet wurde. 2005 erhielt er den Titel des päpstlichen Ehrenkaplans (Monsignore).

Angefreundet hatten sich Pfister und Feulner beim Hähnchenessen beim „Banger“ in Köttensdorf (Brauerei Hoh). „Der hot mich angsprochen, weil er gewusst hot, wer ich bin und dass mei Pate Prior in Kloster Niederaltaich war und dass ich dena in Windischletten Geld für ihra Glockn gebn hob. Außerdem, dass ich mein Hubschrauber vom Güßbacher Pfarra hob weihen lassen. Und er sagt: „Des hätte ich auch gemacht.“

Danach kam es immer wieder zu freundschaftlichen Treffen. So auch zum Schafkopf im Gasthaus Hübner in Wattendorf, wo sich die beiden mit den Bürgermeistern von Wattendorf und Scheßlitz, Rudi Krapp und Franz Zenk, wie auch dem Staffelsteiner Stadtoberhaupt und späteren Landrat von Lichtenfels Reinhard Leutner sowie Arno Gunzelmann (Dentallabor-Chef aus Bamberg) zum Karteln und zu Linsen und Spootzn trafen.

Pfister hat Feulner auch stets zu seinen Festlichkeiten eingeladen. Und als der einmal aufgrund Terminnot absagen musste, klagte Pfister beim nächsten Schafkopf: „Des wor fei ned schöö, dass ned kumma bist." Der so Gescholtene versprach Wiedergutmachung. Gelegenheit bot sich mit der Papstreise vom 21. bis 24. September 2011. Pfister erhielt vier Einladungskarten, zwei davon für die Teilnahme an der Kommunion mit dem Papst, was nur 30 Auserwählten zuteil wurde. Und auch wenn der ehemalige Pontifex zwischenzeitlich in die Kritik geraten ist – der Bewunderung Pfisters hat dies keinen Abbruch getan.

Erleuchtung durch den Papst

Die Pfisters (mit dabei Ehefrau Luise, Tochter Andrea und Sohn Manfred) reisten bereits am Vortag in den Schwarzwald. Vor der Messe auf dem Freiburger Flugplatz wurden alle „untersucht und durchleuchtet". Es war ein erhebendes Erlebnis, besonders für das auserwählte Ehepaar. Weiche Knie schon beim Aufstieg über 30 Treppen hoch zur Tribüne, deren Aufbau viel Geld gekostet hatte. „Ich hab' schon befürchtet, dass mei Fraa die Treppen ned schafft."

Die Begegnung mit dem aus Marktl am Inn stammenden Pontifex hinterließ bleibende Eindrücke. „Der hot mich angschaut, so was hob ich nuch nicht erlebt. Der hot geleuchtet. Diese Ausstrahlung. Ich wor sprachlos."

Und dies vor Millionen vor Zeugen, denn der Gottesdienst wurde im Fernsehen live übertragen und auch die Pfisters wurden danach mehrfach darauf angesprochen, dass viele Zuschauer daheim sie erkannt hatten.

Sündenfall Trotz der strikten Alkoholabstinenz, die Pfister wie ein Fähnlein vor sich herträgt, einmal im Jahr sündigt er doch. Am Geburtstag wird ein Seidla Bockbier zum Sauerbraten getrunken, den Ehe-

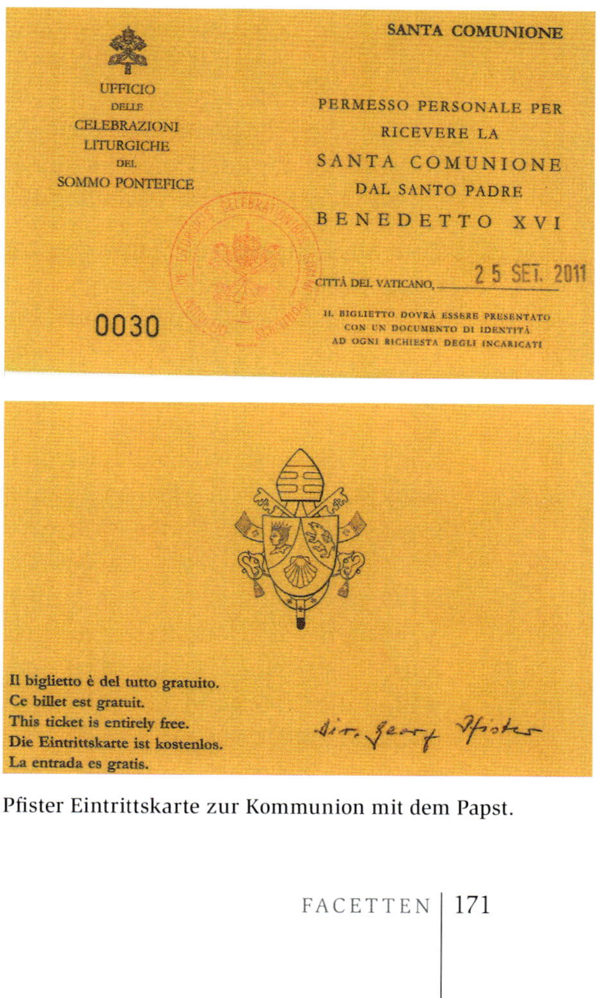

Pfister Eintrittskarte zur Kommunion mit dem Papst.

frau Luise zubereiten muss. „Die mecht den besten Sauerbraten und den besten Schweinebraten. Da lööft mir des Wasser im Mund zamm." Auch wenn seine Frau vehement gegen die Firmengründung gewesen war, hat sie ihm stets den Rücken freigehalten und daheim die Stellung und den Telefonkontakt gehalten. „Ich wor ja von früh bis nachts nur unterwegs." Und so findet der Ehemann anerkennende Worte. „Sie hot auch nuch den Schnaps gebrennt, war immer fleißig, kann gut kochen und ist sparsam." Dennoch hielt er sie kurz. „Ich hob ihr kaa Geld gäbn. Die wor gegen meina Firma." Dennoch bereiste sie die Welt, war in Kanada mit der Schwägerin, in Texas mit der Schwester, in Australien mit dem Tierzuchtamt und bei vielen Vereinsausflügen dabei. Wie sie das finanziert hat? Sie kassierte die Einnahmen aus dem Schnapsverkauf. Noch immer werden fünf bis zehn Tonnen im Jahr gebrannt.

Zwetschgen und Williams, wobei dem Williams sogar heilsame Wirkung zugesprochen wird. So erzählt Pfister von einer Frau aus Bamberg, der stets Äderchen im Auge geplatzt waren. Dagegen halfen keine Tropfen und die Ärzte wussten keinen Rat mehr. Als Pfister ihrem Mann zum Geburtstag eine Flasche Williams schenkte, riet er ihm. „Wenn Du des mäßig und regelmäßig trinkst, wirst nuch 100 Jahre alt." Das brachte die Ehefrau auf den Gedanken, es auch mit einem Schnäpschen zu probieren. Ein halbes Glas vor dem Schlafengehen. „Seitdem ist das mit den geplatzten Äderchen weg." Die Bamberger holen nun regelmäßig Nachschub in Hohengüßbach.

Zum Markenzeichen „Schwarzer Hut" kam Pfister durch seine Krebserkrankung, da auch ihm aufgrund der Chemotherapie die Haare ausgingen. In der Folge wurde er von Wachsoldaten in der Bamberger US-Kaserne, wo er Aufträge zu erledigen hatte, mehrfach als Yul Brunner, der bekannte, glatzköpfige amerikanische Schauspieler, begrüßt. Deswegen setzte er lieber einen Hut auf. Es spielten aber nicht nur Eitelkeiten, sondern auch medizinische Gründe eine Rolle, sein Haupt zu bedecken. Der Professor in Würzburg hatte ihm geraten, seinen Kopf gegen Sonneneinstrahlung zu schützen. „Weil mir mei' Platten gfroren hat", kaufte er sich auch eine Perücke, was auch Folgen nach sich zog. So wurde er bei seinem ersten Aufmarsch damit im Gemeinderat kaum erkannt. Bei der Nachsitzung in einer ortsansässigen Brauerei riss ihm sein Hausfriseur das Kunsthaar vom Kopf und warf es in eine Ecke, weil er die Perücke nicht bei ihm gekauft hatte. „Ich wusste doch gar nicht, dass der des kann." Und auch bei den Elferratssitzungen wurde der „neue Pfister Charakterkopf" trefflich persifliert.

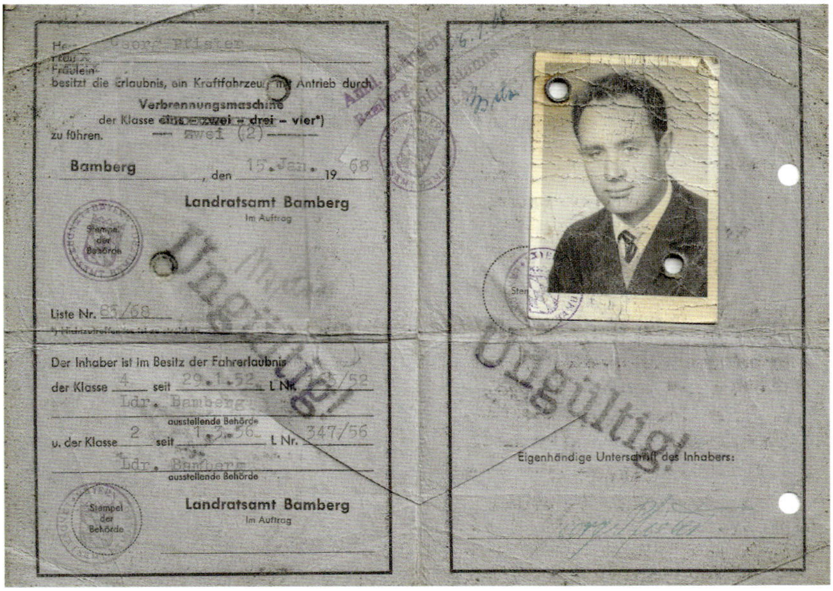

Herr Georg Pfister
Frau
Fräulein
besitzt die Erlaubnis, ein Kraftfahrzeug mit Antrieb durch
Verbrennungsmaschine
der Klasse eins – zwei – drei – vier*)
zu führen. — zwei (2) —
Bamberg, den 15. Jan. 1968
Landratsamt Bamberg
Im Auftrag
Stempel der Behörde
Liste Nr. 85/68
Der Inhaber ist im Besitz der Fahrerlaubnis
der Klasse 4 seit 29.1.52 L Nr. [illegible]/52
Ldr. Bamberg
ausstellende Behörde
u. der Klasse 2 seit 1.3.56 L Nr. 347/56
Ldr. Bamberg
ausstellende Behörde
Landratsamt Bamberg
Im Auftrag
Stempel der Behörde
Ungültig!
Ungültig!
Eigenhändige Unterschrift des Inhabers:

Nur vier Fahrstunden benötigte Georg Pfister bis zur Prüfung zum Erwerb des 2er-Führerscheins, die er bei Fahrlehrer Spitzel anno 1956 absolvierte, der damals eine Fahrschule nahe dem Finanzamt betrieb. Die besuchte er zusammen mit seinem Schwager Seibold, dem er das notwendige Geld geliehen hat". So hob er vom Konto des Opas, der ja 42 Jahre als Raiffeisenrechner fungiert hatte, im März 300 Mark ab. „Die Zückshuter woren alles nur arma Bauern. Wenn's einmol nicht geregnet hot, ist die Gersten nicht aufgegangen. Sand alles Sand, die schlechtesten Böden weit und breit", hatte er Mitleid mit dem Schwager. Also hat er die Rechnung des Bruders seiner Ehefrau, die er wenige Wochen vorher geheiratet hatte, mitbezahlt. 163 Mark kostete es für beide jeweils. Nach einem halben Jahr hat er das Geld zur Bank zurückgebracht aus dem Lohn, den er für das Mähen von Wiesen ringsum Hohengüßbach von anderen Bauern erhalten hatte. Der Großvater bemerkte die heimliche Ausleihe erst zu Weihnachten. „Bub, host du von meinem Konto 300 Mark runter? Da hot aaner 300 Mark genumma." Der Gefragte antwortete schelmisch: „Und der hot sie aah wieder drauf."

Amtsschimmel So heftig Pfister immer wieder über die Bürokratie in diesem Staat herzieht, so fallen ihm auch einige positive Erfahrungen ein, die er mit Beamten im Landratsamt Bamberg gemacht hat. Nicht nur bei der flotten Genehmigung für sein Wohnhaus (das eigentlich schon stand). So auch nach Jahren des Wartens über die Genehmigung einer Eigenjagd auf dem Main-Areal Trunstadt/Roßstadt. Als er deswegen wieder einmal Vorstoß wagte, traf er auf einen neuen Leiter der unteren Jagdbehörde. „Ein junger Kerl aus einem Nachbardorf. Dem sein Vater hob ich die Baugrubn ausghobn." Den bat Pfister, doch einmal seinen Antrag rauszusuchen, den der Vorgänger nicht bearbeitet hatte. „Der fängt im Stapel von unten an und hot gleich mein Antrag in der Hand'." „Du junger Spund höckst doo herinna und bist gleich Leiter?" Pfister setzte große Hoffnungen in den Mann und der machte sich darüber, den Antrag zu studieren. „Haben Sie noch mehr im Amt zu tun? Kommen Sie doch in einer halben Stunde noch einmal vorbei." Das Gespräch nach der Rückkehr fiel kurz aus: „In drei Tagen haben Sie die Genehmigung."

Nicht ganz so positiv fällt Pfisters Meinung über das Wasserwirtschaftsamt (früher Bamberg, jetzt Kronach) aus: „Seit 20 Jahren kämpfe ich darum, dass die die Hochwasserzone festlegen. Und die schaffen das nicht, Und ich kann mein Freizeit-Paradies nicht eröffnen."

Schauspieler Selbst auf den Brettern, die die Welt bedeuten, hat sich schon Georg Pfister bewährt. Bereits1952 trat er publikumswirksam auf. Damals war in Hohengüßbach eine Theatergruppe gegründet worden und man plante die Aufführung eines Stückes mit dem Titel „Der Prinz sucht seine Prinzessin". Von den 20 Besuchern, die zur Gründungsversammlung gekommen waren, stimmten alle für Pfister, der die Rolle des Prinzen übernehmen sollte. Nach einigen Proben kam es zur Aufführung in der Dorfwirtschafts Schaller, deren Räumlichkeiten ob des Besucheransturms kaum ausreichten. „Des war rappelvoll. Die Leut' standen an allen Seiten." Und es wurde eine Riesenerfolg. Da auch einige Zückshuter unter den Gästen waren, kam es nach der Premiere im Februar einige Wochen später zum Dakapo in Zückshut. „Der Vorhang geht auf, die Prinzessin sitzt dort und wartet auf ihren Prinzen und dann ich kumm ich als Prinz auf die Bühne, angemalt. und es folgt minutenlanger Beifall, in Hohengüßbach hatte sich keiner gerührt", bleibt die Szene dem Hauptakteur unvergesslich. Und auch, dass ihn „junge Frauen anhimmelten". Was offensichtlich einigen Schauspieler-Kollegen missfiel. Denn trotz des enormen Erfolges wurde die Theatergruppe nach nur zwei Aufführungen wieder aufgelöst.

Am Lehrerpult Weil er am Bamberg E.T.A.-Hoffmann die Grube für ein Beachvolleyballfeld angelegt hatte, musste Georg Pfister vor wenigen Jahren den Platz im Bagger mit einem Referenten-Pult tauschen. „Zum Dank hatten sie mich gebeten, etwas über mich und meine Firma zu erzähln.“ Was auch in diesem Fall ohne Skript passierte. 90 Schüler und einige Lehrer lauschten interessiert und waren vom eineinhalbstündigen Vortrag begeistert. Die 16- bis 18-jährigen lauschten gebannt. „Es herrschte Totenstille in dem Saal. Die hobn gelurt und selbst gsoocht, dass sie sowas noch nicht erlebt haben.“ Noch heute sprechen ihn ehemalige Schüler auf seinen Vortrag an „Ihre Rede vergessen wir ein Leben lang nicht.“. Und auch dem Pfister blieb eine Begebenheit in Erinnerung: „Wie ich mit meina Reden fertig wor, hob ich gfragt, ob's noch Fragen gibt?“ Es gab jede Menge. Ganz zum Schluß meldete sich eine 17-jährige zu Wort und wollte wissen, was ihm wichtiger ist: die Frau oder die Firma. „Da hob ich erst a bissla überlegt und dann ‚mei Fraa' gsoocht:“ Was die Zuhörer beeindruckt haben muss: „Die hobn zehn Minuten lang gepatscht.“

Auch dieses Bertone Coupé mit 3 Litern fuhr Georg Pfister.

DIE FAHRZEUGE

Es fing zwar klein an, aber der Hang zu Fahrzeugen, die auffallen, ist schon ausgeprägt beim Firmenchef, der im Jahr tausende Kilometer zurücklegt:

1952: Motorrad: 98er NSU Fox mit 6,8 PS

1956: VW Käfer

1966/67: Mercedes 190 Diesel

1970: 59er Opel Rekord mit Panaroma-Scheiben

1978: 3-Liter-BMW

Ab 1983: 3-Liter-BMW 745i mit Turbo. „Immer den Größten."

1993: 600er Mercedes mit zwölf Zylindern; Dazu gib es eine Anekdote: Weil Pfister den Mercedes bei einem Bekannten kaufte, gab es Ärger mit dem Chefverkäufer, der das Recht, solche Edelkarossen zu verkaufen, für sich reklamierte und sich darüber furchtbar aufregte. Pfister sorgte für Entspannung: „Halt die Goschen. Schreib nuch aan auf" – und kaufte zwei 600er: „Bar bezahlt und kein Skonto bekommen."

1994: BMW + Rolls Royce

2020: BMW + Rolls Royce

2022: Mercedes Sprinter

NACHWORT

GESCHRIEBEN NACH ÜBER ZWEI JAHREN DER INTERVIEWS UND RECHERCHE

Populist und populär, beliebt und belächelt – zwischen diesen Polen bewegt sich der Tausendsassa Georg Pfister. Wer diesen Mann zum Gegner hat, wird kaum mehr glücklich. Sein Misstrauen ernten Studierte und deren (elaborierte) Sprache. Solche, die mehr mit Latein, Fremdwörtern oder Angliszismen („englischa Ausdrück") um sich werfen, anstatt das Kind beim Namen zu nennen. Pfister bevorzugt klare, bisweilen radikale Ausdrücke, deutliche Aussagen, schnoddrig obschon, weil ihm der Schnabel so gewachsen. Das versteht Otto Normalverbraucher. „Einzigartigkeit in Tat und Sprache", attestierte ihm der einstige Breitengüßbacher Bürgermeister Reiner Hoffmann (Bürgerblock/Freier Wähler), der mit ihm manchen Strauß ausgefochten, so manches Projekt umgesetzt und manchen Coup gelandet hat.

Nachwort

Die Gegner im politischen Lager sind seit Jahrzehnten bekannt: „Die Grünen“ (in Partei und Behörden), die Bürokratie, die SPD, aber auch die AfD.

Pfisters Lebensleitung ist bemerkenswert, mag man über ihn denken, was man will. Des „dumma Bäuerla mit vier Jahr Volksschul'“, wie er sich gerne selbst erniedrigt, hat es weit gebracht in seinen 87 Lebensjahren. „Ich hob immer gelurt und aufgepasst und immer schon ein gutes Gedächtnis ghobt.“ Das ihn bis hohe Alter nicht verlassen hat, wie sich in den Erzählungen zeigt: Selbst wenn er die eine oder andere Anekdote Monate später nochmals erzählte, stimmten die Details stets überein.

Und ehrgeizig war er natürlich auch. Besser, schneller sein als andere, denen imponieren, lautet eine seiner Devisen. „Euch zeig' ich's!“

Und es stachelte ihn an, wenn andere mit dem Rolls Royce vorfuhren, oder dem Helikopter einflogen. Er schaut von anderen ab, ohne sie nachzuahmen. Der Pfister bleibt stets authentisch, ein Unikum.

„Schreib fei ned alles nei – die song, der spinnt, des is fast ned gaubhaft.“

Georg Pfister bei einer der vielen Interviews zum Biografen

PERSÖNLICHE BEGEGNUNGEN

SCHLUSSWORT DES AUTOREN

Natürlich ist mir die Hauptperson dieses Buches seit Jahrzehnten bekannt. Immer wieder aufgefallen, wie er protzig auf Sportplätzen auftauchte und nach allen Regeln der Kunst falsch parkte. Erst beim SV Hallstadt, später beim TSV Breitengüßbach, wo er sich das Recht einer eigenen Zufahrt herausnahm, um sogleich mit einem rollenden „R" vom Stadionsprecher als „Kreis- und Gemeinderat" begrüßt zu werden (obgleich ihn alle schon registriert hatten, manche sogar aufgeschrieben). Und an so mancher Baustelle und bei so manchem Schaufelfest kreuzten sich unsere Wege. Der Poltergeist blieb in den hintersten Gehirnwindungen haften.

Er fiel auf, wenn er an der Tankstelle des „Ölscheichs" und Stammtischbruders, Adolf Lunz, anhielt und sich mit allerlei Süßigkeiten eindeckte und im Kofferraum neben den lehmverschmierten Stiefeln verstaute.

Und so überwog zunächst die Skepsis, als der Chef der Baufirma, die das erste Eigenheim erstellen sollte bei den Honorar-Vorverhandlungen vorschlug: „Geht doch nauf zum Pfister, vielleicht hebt der Euch die Baugruben billiger aus. Für uns mecht er es sowieso, aber halt zu dem Preis, den ich in den Kostenvorschlag drin hob." Also wurde telefonisch ein Gesprächstermin mit dem Firmen-Chef vereinbart und zur Frühstückszeit ging's, wie geheißen „nauf zum Pfister". Der empfing das junge Ehepaar Kestel im weißen Feinripp-Unterhemd, den schwarzen Hut auf dem Kopf. Im Gesicht drehte der Rasierer seine Runden, der Gesprächspartner ebensolche zwischen Ess- und Arbeitszimmer. „So, Ihr wöllt also baua?" „Neben dem Hoffmann? Den Bauplatz kenn ich, lauter Lehm drunter, des müss' mä wegfohrn." „Ihr wohnt ja schon in Güßbach, donn darfs auf die Deponie voo die Gämaa. Donn wärd die wenigstens voll und dann gibt es nur noch unsera und wir könna den Preis bestimma." Er dachte nicht lange nach. „Am Aschermittwoch fangen mir an. Sag dem Moritz (der damalige Deponieverwalter) Bescheid, dass wir kumma." 39 Lastwagenfuhren fielen an, alle voller Lehm. Auf dem Bagger hatte zunächst der Senior-Chef gesessen, dann abgelöst von Sohn Manfred. Die Bezahlung dieser Meisterstunden erfolgte zur beiderseitigen Zufriedenheit.

Als das Haus erbaut, schlug diese Zufriedenheit mitunter in Groll um. Zumindest an lauschigen Wochenenden, wenn der Pfister im Stundentakt über dem Garten die Runden mit seinem Hubschrauber für Sightseeing-Touren der Kundschaft drehte, was mitunter echt nervig war.

Genervt fühlten sich auch manche Beisitzer am Stammtisch im TSV-Vereinslokal „Frankenstuben", wo sich Georg Pfister regelmäßig zum Frühschoppen dazugesellt. Ein Jour fix. Aber an jenem Donnerstagabend im Jahr 2019 rumpelte er unverhofft in die Frankenstuben, wo sich regelmäßig die alten Fußballer zu Plausch und Schafkopfrunden versammeln. Als der Pfister wieder zu einem seiner Monologe anhob, stöhnte Otmar Brückner, als kämpferischer Gewerkschaftler, eher ein vermeintlicher Gegenspieler und doch ein Bewunderer: „Geh zu Schorsch, dei Story hörn wir schoo zum 50. Mol."

Dennoch fanden sie einige unterhaltsam. Ich auch. Als ein am Tisch sitzendes Ehepaar gar meinte, diese Stories gehörten niedergeschrieben, war die Idee zu diesem Buch geboren. Und per Handschlag besiegelt. Und dies obwohl sich auch andere namhafte Autoren um Pfisters Auftrag, eine Biografie zu schreiben, bemüht hatten.

Aber man war sich schnell einig, dass man dem Mäzen, der sich besonders den Fußballern samt den Junioren und den Alten Herren verpflichtet fühlt, etwas Gutes tun wollte.

Lange zuvor schon hatten der angehende Buchautor und die Hauptperson nämlich zueinander gefunden. Das passierte zwischen Neujahr und Dreikönig, während der Hallenturniere der TSV-Fußballjunioren. Pfister war täglich Gast beim „New Years Kick für Kids", oftmals sogar mehrfach an einem Tag. Nicht nur weil seine Enkel aus Zapfendorf und Breitengüßbach auf dem Feld kickten, sondern weil ihm Konzept und Umsetzung dieses besonderen Ferienprogrammes mit vielen Rahmenangeboten beeindruckte. Und er unterstützte dies Jahr für Jahr. Mit einer Anzeige im Turnierheft, einem Transparent in der Halle wie auch monetär. Was die Veranstalter freute und die Organisation erleichterte – zum Wohle der Jugendlichen vieler Vereine aus dem Landkreis und weit darüber hinaus.

Daraus entwickelte sich ein Verhältnis gegenseitiger Wertschätzung, das auch in diesem Buch Niederschlag findet. Seit Februar 2020 erfolgten Gesprächsrunden, Rundfahrten, Telefonate, Besuche, Aufnahmen. Dabei verblüffte der Interviewte immer durch sein Gedächtnis. Bemerkenswert in diesem Alter.

Und es schmeichelt einem schon, wenn die Hauptperson inmitten der Corona-Krise in einem der vielen Gespräche offenbart, dass „ich fei für Dich in meiner Kapelln gebettet hob", als die bei einer Schiffstour über die Donau schipperte. „Herrgott, lass dem Mann kaa Corona kriegn und wiederkumma."

Las schon als Schulbub gerne.

AUS DEM FAMILIENALBUM

Schwester Inge in der Scheeßn im März 1940. Sie lebt in Wiesengiech.

Familienalbum

Familienfeier bei Cousin Hans Hopf (rechts vorne), bei dem Pfister als Lkw- und Maschinen-Fahrer immer wieder mal aushalf und der ihn zum Kauf des ersten Baggers überredete.

Barfuß und mit freiem Oberkörper, Sohn Manfred an der Hand in Hohengüßbach unterwegs.

Das Ehepaar Pfister anno 1956 (links) und 2021.

Der Opa (mit Enkel) am Boden.

Im Oldtimer (Aston Villa) im April 1988.

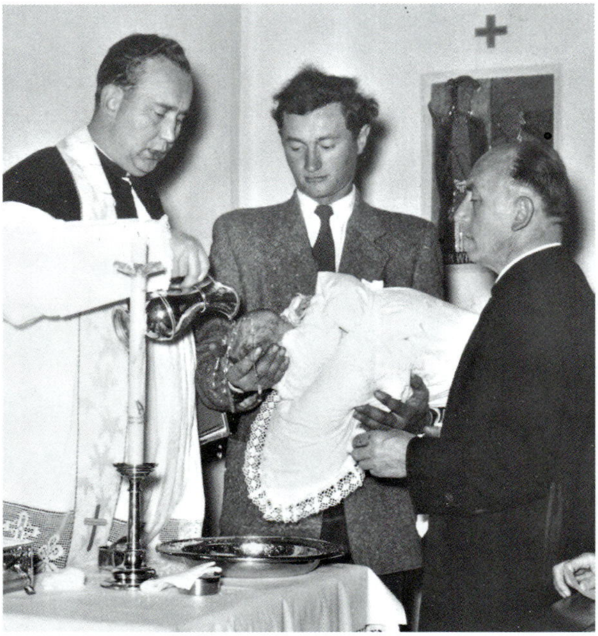

Taufe von Sohn Manfred mit Bruder Andreas als Pate.

Das Ehepaar Pfister mit der Madonna aus Medjugorje an Fronleichnam auf der heimischen Terrasse.

Die Pfisters Oma, eine geborene Loch, mit Cousine Ida Hopf aus Sassendorf auf dem Schoß. Ein Foto aus dem Jahr 1937.

Dr. Dr. h.c. Edmund Stoiber
Bayerischer Ministerpräsident a.D.

80538 München
Wagmüllerstraße 23

Herrn
Georg Pfister
Hohengüßbacher Straße 21
96149 Breitengüßbach

München, im November 2011

Sehr geehrter Herr Pfister,

die persönlichen Glückwünsche zu meinem 70. Geburtstag haben mich sehr gefreut. Wegen der vielen Gratulationen komme ich erst heute dazu, mich herzlich zu bedanken. Ich weiß dieses besondere Zeichen der Sympathie sehr zu schätzen.

Mit freundlichen Grüßen

[illegible]

Dr. Edmund Stoiber

P.S. Danke für Ihre so persönliche und mutige Unterstützung auch in schweren Zeiten. Heute habe ich [illegible] noch Freunde. In Kreuth 2007 war niemand mehr da!! Sie kennen das ja!

Der Pfister als „Faschingsprinz“

20 Jahre fungierte Pfister als Elferrat.

In politischen Runden

Ehrung durch Staatsministerin
Melanie Huml.

Besuch bei der CSU-Gemeinderatsfraktion.

In der einstigen Muna.

…ng verliebt.

Mai-Ausflug
mit Freunden 1953
nach Altenstein.

Ehefrau Luise 1953.

Seibolds Verwandtschaft aus Zückshut.

…der hatten es
…n Geo schon
…ner angetan.

Großonkel Georg,
der als Prior Bonifaz
ein Kloster führte.

Die komplette Familie Pfister: Siegfried, Manfred, Georg, Luise, Angelika (Betz) und Andrea (Hummel) beim 40. Firmenjubiläum anno 2014.

Die im Jahr 2000 geborene Tochter von Sohn Siggi, die neunte Enkelin mit Rad.

EINGEGANGEN

23. AUG. 2021

EUROPÄISCHES PARLAMENT

Monika Hohlmeier

Mitglied des Europäischen Parlaments

Herrn
Georg Pfister
Hohengüßbacher Str. 21
96149 Breitengüßbach
OT Hohengüßbach

Lichtenfels, 09. August 2021

Herzliche Gratulation

Lieber Schorsch,

sehr herzlich möchte ich Dir zu Deiner 70-jährigen Mitgliedschaft in der CSU gratulieren. Die Bandbreite Deines Lebenswerks ist wirklich beeindruckend: erfolgreicher Unternehmer, CSU-Ortsvorsitzender, Gemeinderat in der Gemeinde Breitengüßbach, Kreisrat im Bamberger Kreistag, Gründer der Mittelstands-Union im Landkreis Bamberg und legendärer Delegierter des CSU-Parteitags - überall wo Du Dich engagiert hast, hast Du tiefe Spuren hinterlassen.

Ich habe Dich immer bewundert, mit welcher Leidenschaft Du Dich für die Menschen Deiner Heimat eingesetzt hast und mit welch großartiger Werf Du dem politischen Ober, darunter auch mein Vater Franz Josef Strauß, ins Gewissen geredet hast. Selbst mein Vater horchte auf, wenn Du das Wort ergriffst.

Alles, alles Gute und bleib gesund. Herzliche Grüße an Deine liebe Frau, die ich fast ebenso bewundere wie Dich, denn hinter einem so rührigen und einsatzfreudigen Mann steht immer eine tolle Frau.

Mit herzlichen Grüßen

Deine Monika Hohlmeier

Monika Hohlmeier

Büro Brüssel
Rue Wiertz 60
ASP 14 E 201
B-1047 Brüssel
Tel. +32 2 28 45 191
Fax +32 2 28 49 191

Büro Straßburg
Allée du Printemps
LOW T 10 010
F-67070 Straßburg
Tel. +33 388 1 75 191
Fax +33 388 1 79 191

Europabüro Oberfranken
Innere Bamberger Straße 3
D-96215 Lichtenfels
Tel. +49 9571 75838 28
Fax: +49 9571 75838 29

monika.hohlmeier@europarl.europa.eu • oberfranken@monika.hohlmeier.de
www.monika.hohlmeier.de

Der Opa mit seinen Enkeln und Enkelinnen (Bild oben) im Jahr 1995 – und die Erinnerung an die Vorfahren (Bild unten).

Diese schmucken Gedenksteine zieren jetzt schon das Freizeitgelände.

Auf dem künftigen Freizeitgelände
im Januar 2003.

Mit einer der selbstgebauten Maschinen.

Mit dem Erstgeborenen auf dem Arm.

Hochzeitsfoto aus dem Jahr 1956.

Diese Sprüche, von Mitarbeitern aus dem Umfeld des Chefs zusammengestellt, zieren dessen Arbeitszimmer.

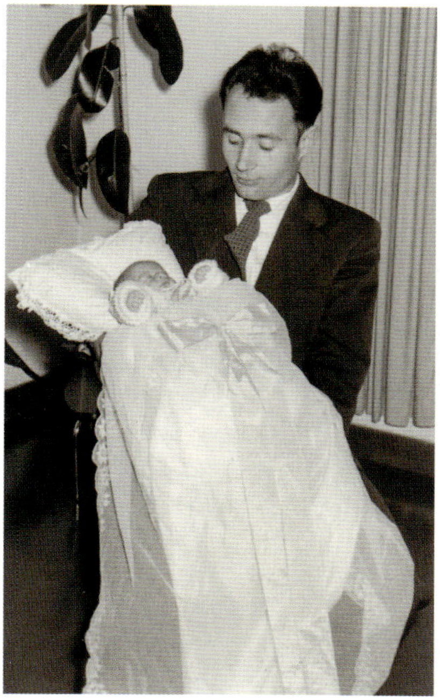

Taufe von Tochter Angelika.

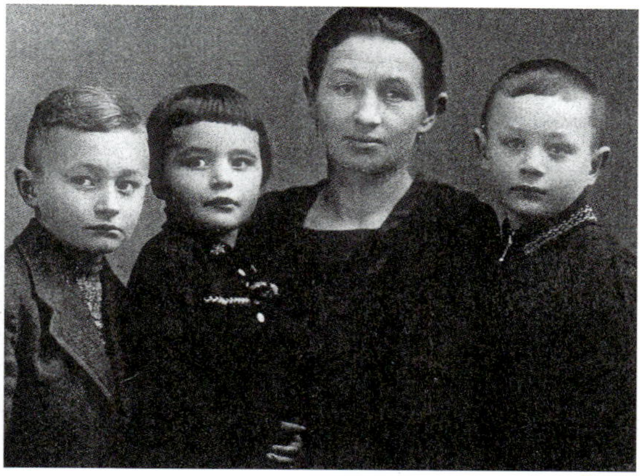

Mutter Anna mit den Kindern Andreas, Inge und Georg.

Kapelle bei Sonnenuntergang.

Mit Bombe und Hut.

Der Firmengründer auf seiner „Fehlinvestition“.

Kein Hochstapler vor dem Tieflader.

Das Ohr immer nah dran an den Sorgen der Menschen und der Kinder.

Die Schnapsbrennerei der Pfisters.

DIE VIELEN GESICHTER DES GEORG PFISTER

PASSBILDER GEMÄSS EINER ZUSAMMENSTELLUNG VON TOCHTER ANDREA HUMMEL

Mal mit Hut, mal ohne, mal mit Brille, mal ohne,
einmal mit Bart, sonst ohne, mal mit Schalk im Nacken,
mal ohne. Fast immer mit Krawatte, ab und zu ohne,
mal jung, mal nicht mehr so ganz.

Gesichter

PARALIPOMENA

Tagebuch

Abgehoben und bodenständig

Wer ist oben am Kopf und tief im Inneren Schwarz, oft hoch in der Luft anzutreffen und am Boden als bester lebender Werbebotschafter eines Süßriegelherstellers unterwegs? Richtig: Georg Pfister aus Hohengüßbach. Schwarz ist neben der politischen Gesinnung die Farbe seiner Kopfbedeckung. Ein Pfister- Markenzeichen. Das andere ist der Hubschrauber, nicht Schwarz. **Hut** und Hubschrauber gehören zu Georg Pfister ebenso wie die süßen Riegel, die er weiblichen Wesen zu schenken pflegt.

Wäre der humorige, allbekannte Lokalpolitiker bundesweit aktiv, Heere von Karikaturisten hätten ihre Freude an ihm. Mit Hut, Hubschrauber und stets greifbaren Süßteilchen,Georg Pfister wäre eine überaus brauchbare Vorlage für die ihre auf Rudimente reduzierten Bilder.

Aber gut, dass ihm bundesweite Popularität versagt ist. So gehört das Original uns ganz allein. Wir, das heißt vor allem die weiblichen Wesen, die seinen Weg zu Land oder in der Luft kreuzen. Denn auf diese Weise müssen wir die langen, leckeren Schokoriegel nicht mit irgendwelcher Konkurrenz teilen.

Andererseits bewahrt die auf die Region begrenzte Popularität den spendablen Hohengüßbacher davor, aus Rabbattgründen als Aktionär bei Ferrero einsteigen zu müssen. Er bleibt eben am Boden und damit in der Region, unser Georg Pfister. Er ist halt- nicht abgehoben, höchstens perHelikopter oder optisch von der Masse differenziert. In diesem Sinne:

Hut ab, aber bitte nicht wörtlich! an

FT vom Oktober 2005.

Aufbau der Glocken.

Aufbau des Altars zu Fronleichnam.

Lieber Hr. Pfister, liebe Arbeiter!

Ich heiße Niklas [redacted] bin 1,5 Jahre und komme aus Hirschaid. Ich habe euch von September bis November jeden Tag auf der Baustelle in der Regnitzau am Kindergarten gesehen. Eure Bagger, den Radlader und die LKW´s fand ich echt toll. Ihr habt mir die Eingewöhnung in die Krippe viel leichter gemacht, weil ich mich jeden Tag auf die Bagger und Bauarbeiter gefreut habe. Vielen Dank dafür. Ich wünsche euch allen ein frohes Weihnachtsfest und ein glückliches neues Jahr 2016!

Niklas [redacted] mit Familie

Schreiben einer Familie aus Hirschaid.

75 JAHRE – Na und !?

Höhenflüge und auch Stürze,
gaben den Jahren ihre Würze.
Durch ungebrochene Willenskraft
wurde jede Klippe stets geschafft.

75 Jahre tapfer leben,
75 Jahre schaffen, streben -,
Das ist Segen ohnegleichen,
Nicht ein jeder kann's erreichen.

75 Jahr, ein langes Leben.
Und nun heißt es: Weiterstreben -,
Immer höher, immer weiter
Bis zur letzten Sprossenleiter.
Wann sie kommt, weiß Gott allein.
Mög' er gnädig mit uns sein.

Wir wünschen Ihnen jetzt alles Gute,
immer auf mit frischem Mute,
Freude, Gesundheit mögen Sie begleiten,
heute, morgen und für alle Zeiten.
Stete Frische, steten Schwung,
denn wenn man fit ist, bleibt man jung.

Ihre Mitarbeiterinnen und Mitarbeiter

Unterzeichnet von über 60 Mitarbeiter.

23. Oktober 2010 | BAMBERG Stadt & Land

Stadt & Land-Gespräch

Im Kreise von mehr als 200 Gästen feierte am vergangenen Samstag der Hohengüßbacher Bauunternehmer und Kreisrat **Georg Pfister** seinen 75. Geburtstag in der Breitengüßbacher Hans-Jung-Halle. Zahlreiche Größen aus Politik und Wirtschaft würdigten die einmalige Lebensleistung des Jubilars, der aus kleinsten Anfängen heraus einen respektablen Familienbetrieb aufgebaut hat. Unter den Gratulanten sah man neben Bürgermeistern und Kreisräten – die SPD war mit Unterbezirksvorsitzendem **Jonas Merzbacher** und Kreisvorsitzendem **Andreas Schwarz** gekommen – auch FT-Herausgeber **Dr. Helmuth Jungbauer.**

Der Breitengüßbacher Bürgermeister Reiner Hofmann übergab feierlich an den Jubilar das Schild „Georg-Pfister-Weg“. *Fotos: Matthias Hoch*

Die Gemeinde Breitengüßbach hat den Jubilar zu seinem Ehrentag eine Straße gewidmet, ließ Bürgermeister **Reiner Hoffmann** (BBL) wissen, und präsentierte unter dem Applaus der Gäste das als Geschenk verpackte Schild „Georg-Pfister-Weg“.

Der Vorsitzende der CSU-Mittelstandsvereinigung, MdB **Hans Michelbach** aus Coburg, wünschte auch namens der oberfränkischen CSU „alles Gute, Glück und Gesundheit“. Landrat **Dr. Günther Denzler** (CSU) dankte dem „bestgewählten Kreisrat aller Zeiten“ für seine Mitarbeit im Kreistag.

Der Hauptgeschäftsführer der Handwerkskammer für Oberfranken, **Horst Egger**, dankte dem Jubilar für ein Musterbeispiel handwerklichen Unternehmens.

CSU-Kreisvorsitzender **Thomas Silberhorn**, MdB, schließlich würdigte „den mit Abstand populärsten Politiker im Landkreis Bamberg“.

Herzlichen Glückwunsch auch seitens der Redaktion von BAMBERG Stadt & Land und alles erdenklich Gute für die Zukunft.

★

Seit 1992 setzt sich die Arbeitsgemeinschaft der Bamberger

ANHANG

Bilder-/Faksimilie-Nachweis

Familien-/Firmen-Sammlung: alle mit Ausnahme von:

Ralf Kestel: Seite 9, Seite 22 rechts, Seite 23, Seite 37, Seite 52, Seite 69 beide, Seite 88 beide, Seite 90, Seite 130, Seite 136, Seite 138, Seite 166 oben, Seite 183, Seite 187 oben-rechts, Seite 196 oben-rechts, unten links und rechts, Seite 197 oben-rechts, Seite 201 unten

Foto – Nik. Scheuring: Seite 14 und 16

Bärbel Meister: Seite 17, Seite 83, Seite 84, Seite 102, Seite 212

Ronald Rinklef: Seite 21, Seite 70 oben, Seite 78 unten, Seite 201 oben

Rudolf Mader: Seite 78, Seite 81 oben und unten, Seite 124, Seite 125 oben und unten, Seite 129 oben und unten, Seite 192 unten-links, unten-rechts

Josef Kröner: Seite 48

Johannes Michel: Seite 126, Seite 147

Foto-Studio Brodmerkel: Seite 76;

Archiv TSV Breitengüßbach: Seite 135 alle

Detlef Griebel: Seite 137 beide

Frankfurter Allgemeine Sonntagszeitung: Seite 149

Bamberger Tagblatt: Seite 139 oben

Fränkischer Tag: Seite 62, Seite 104, Seite 122, Seite 131, Seite 140, Seite 141, Seite 143 beide, Seite 144 beide, Seite 145, Seite 147, Seite 148 beide, Seite 149 links, Seite 150, Seite 151, Seite 152, Seite 157, Seite 159, Seite 204

Bayerische Staatszeitung: Seite 142;

Bamberg Stadt&Land: Seite 146, Seite 207

Anpfiff: Seite 156

Helmut Ölschlegel: Seite 179

Foto-Werkstätte Theodor Hagel: Seite 203 oben-links

Foto Schiller: Seite 203 rechts-unten

Birgit Kestel: Seite 213 unten

In Bamberg aktuell: Seiten 154 + 155

Joseph Beck: Seite 132

Helmut Walter: Seite 191 rechts-oben

*Georg Pfister dankt allen Beteiligten, die an der Fertigstellung dieser, seiner Biografie mitwirkten: Seiner Familie, seinem Steuerberater Rudi Ziegler aus Gundelsheim, seinem Freund Dr. Reinhard Schikowski, allen Mitarbeiter*innen, allen Fotograf*innen und beratenden Freund*innen sowie dem Autoren.*

Der Autor dankt allen Gesprächspartnern, Informanten und Informantinnen sowie den Korrektur-Lesern aus Reihen der Familien, Harald Werner, Dr. Ludwig Unger und Dr. Reinhard Schikowski.

Zur Person:

Georg Pfister, Jahrgang 1935, gehört zu den schillerndsten Personen, die die CSU seit deren Gründung hervorgebracht hat. Als Parteimitglied seit 1951 sorgte er nicht nur mit spektakulären Auftritten als Delegierter bei CSU-Parteitagen für Aufsehen, sondern als Kommunalpolitiker auch für Anerkennung und Akzeptanz mit überzeugenden Stimmerfolgen auf Kreis- und Gemeindeebene. Als amtierender Schatzmeister der Mittelstandsunion im Landkreis Bamberg ist er der älteste CSU-Funktionär überhaupt. Gilt er bei manchen als Querulant, meinen andere, dass er die Seele der CSU verkörpert.

Als Enkel frühzeitig auf den Bauernhof der Großeltern geschickt, verschaffte er sich ohne große Schulausbildung als Autodidakt Einblicke in viele Berufszweige und baute ein Tiefbau-Unternehmen auf, das seit Jahrzehnten in ganz Nordbayern mit Millionenumsätzen erfolgreich tätig ist. Des Weiteren engagiert sich Georg Pfister wie auch seine Firmen in sozialen, kirchlichen und sportlichen Bereichen als großzügiger Sponsor.

Der Familienvater hat eine Krebserkrankung überstanden und viel zu erzählen und so manchen Spruch in petto, was in diesem Buch zusammengetragen wurde.

Der Autor:

Ralf Kestel, Jahrgang 1958, hat 40 Jahre lang bei der Bamberger Lokalzeitung „Fränkischer Tag" gearbeitet, vom Praktikanten bis zum verantwortlichen Redakteur. Schon vor dem Hausbau mit seiner Familie in Breitengüßbach kannte er Pfister seit Jahrzehnten als Tiefbauunternehmer und durch seine ehrenamtliche Tätigkeit als Jugendbetreuer beim TSV Breitengüßbach, zumal er auch einen Pfister-Enkel unter seinen Fußball-Fittichen hatte.

Seit Februar 2019 hat er mit Georg Pfister allen Corona-Wirrnissen zum Trotz Dutzende von Interviews geführt und sich dessen Anekdoten erzählen lassen (53 Audio-Dateien) und aufgezeichnet, die in enger Abstimmung mit der Hauptperson, dessen Familie und weiteren Beratern Niederschlag in dieser Biografie fanden. Dazu gehörte auch das Studium von Stapeln an Unterlagen, Aufzeichnungen, Zeitungsartikeln und das Sichten hunderter Bilder sowie eine mehrstündige Rundfahrt über sämtliche Liegenschaft der Firma und Familie. Der Versuch, ein bemerkenswertes Lebenswerk aufzuzeigen.